積極致富

輕鬆做個有錢人

凡禹 著

一般人想要致富，主要還是得靠理財，
這種理財不是可以立竿見影的，需要一個較長期的過程。
因此，理財致富要有足夠的耐心。
理財致富，實際上是某種意義上的耐心致富。

序

我國傳統的家庭和學校教育，培養出很多高學歷的知識份子，但是他們卻往往對財富缺乏基本的認識，甚至對金錢持有許多不正確的觀念，更不用說主動地去理財和追求財富，結果也造就了我們身邊眾多「高智商」的窮人。

拿破崙·希爾曾說：「一切的成就，一切的財富，都始於一個意念。」如果一個人決心要擺脫貧窮，那麼富裕就絕對不會太遠。因此，貧窮並不是決定於命運，而是決定在自己的態度。其實，只要有正確的理財觀念，錢不一定要多，照樣可以使生活變得更好，讓自己過得更舒服。錢也必須花用了，才能彰顯它的意義，否則，也不過是一張廢紙、一堆破銅爛鐵，即使擁有再多，也顯得毫無價值。

理財致富不可能像中樂透彩那樣來得迅速，也不大可能像比爾·蓋茲賺錢那樣快速。因爲中樂透彩的機率畢竟太小，而大多數人也難以像比爾·蓋茲那樣，擁有高智商、高情商的頭腦。一般人想要致富，主要還是得靠理財，這種理財不是可以立竿見影的，需要一個較長期的過程。因此，理財致富要有足夠的耐心。理財致富，實際上是某種意義上的耐心致富。

致富幾乎是每個人所渴求的，若有足夠的耐心，並懂得理財，成爲富翁並非不可能。理財致富只需具備三個基本條件：固定的儲蓄、追求高報酬——即作爲經濟人追求利潤最大化，以及長期的等待。如同生命的成長一樣，財富的增長是點點滴滴、日日月月、歲歲年年在複利的作用下實現的，一步登天是不可能的。這是自然界的定律，上天從不改其自然法則，而且也不可能改變。

既然生活擺脫不了錢的接觸，與其做個受金錢支配的奴隸，倒不如做個快樂的生活家，要做個快樂的生活家，就從學會理財開始。

目錄 CONTENTS

目錄・CONTENTS

目 錄・CONTENTS

第一章 PART 1

為什麼是窮人

對財富的渴望是每一個人都有的，只是許多人為傳統的金錢觀念所桎梏，逃不出思維的牢籠，因而，渴望無法變成現實。

十五種性格導致貧困

傳統的家庭和學校教育，培養出很多高學歷的知識份子，但是他們卻往往對財富缺乏基本的認識，甚至對金錢持有許多不正確的觀念，更不用說主動地去理財和追求財富。結果就造就了我們身邊眾多「高智商」的窮人。在經濟全球化的今天，我們的觀念更應該全球化，追求財富本來就是一件光明正大的事，提高「財商」——財富智商，更是迫在眉睫的當務之急！

本書的目的，就是希望能夠創造出更多「財富的贏家」！

我們先做一個假設，如果有一天，你家隔壁搬來了一位特別有錢的鄰居，你會有什麼樣的直覺反應呢？你有可能會在心裏鄙視這個富人，設想這個傢伙一定是個腦滿腸肥的暴發戶。你也有可能會萌生一種向他討教致富方法的想法。如果你的第一反應是攻擊他，那麼，幾乎可以肯定，這種「妒富」的性格，有可能就是你一直富不起來的根源！

研究顯示，每個人都有不同的性格和個性，有的性格對於賺錢是有幫助的，有的性格卻容易導致貧困。許多的研究結果指出，至少有十五種性格容易導致貧困和

失敗。

第一：知足。

只要有吃有穿，三餐溫飽，就感到滿足，對於財富沒有追求的野心，這種人對生活沒有一點欲求，是不會創造富有與成功的。

第二：自滿。

覺得自己是最好的，甚至認爲自己應該成爲別人仿效的標準。這種人不願與外界來往，他們根本不知道社會進步到什麼程度，不可能有更高的追求。

第三：保守。

這種人的生活全憑過去的經驗，沒人走過的路他不敢走，沒人做過的事情他不敢做。這種人也許早已經看到自己的現狀不如別人，甚至相差得很遠，但他們不是去創造財富來迎頭趕上，而總是想到馬失前蹄、功虧一簣。因此，新的東西沒有得到，舊的東西反而失去了，這種人永遠不敢向新生活邁進一步或半步，註定終生貧困。

第四：怯懦。

這種人膽子特別小，總是怕東怕西。天底下有哪一種成功不必承擔風險的呢？

所以，這種人總是眼睜睜地看著別人發財，自己卻在家裡急得團團轉，一著急了就破口大罵。

第五：懶惰。

一種是身體懶惰，另一種是大腦懶惰。身體懶惰的人光想不做，大腦懶惰的人光做不想。身體懶惰的人，每次想的都是不同的問題，卻說不定有時還會想出一些新鮮的創意和念頭，但是他卻什麼都不做；大腦懶惰的人，一輩子做的都是同樣的工作，從來不會考慮想要去改變什麼。當然，這兩種懶惰一般很少出現在同一個人身上，因爲身體和大腦同時懶惰的結局只有死亡。

第六：孤僻。

賺錢就是把別人的錢變成自己的錢。孤僻的人不擅長與人打交道，想要賺到錢就不太容易了。

第七：自以為是。

自以爲是的人，一般都處理不好自己與周圍的關係。與人處不好關係，就無法形成長久的合作。與人合作不好，很難做成大事。

第八：狹隘。

一是心胸狹隘，二是視野狹隘，三是知識結構狹隘。這種性格的人，也是很難與人和社會相處的，並且最容易傷害人。這種人是天生的失敗者，沒有外援，只好又貧且困。

第九：自私。

不想奉獻，只想佔便宜，這種人最後不會獲得成功和財富，他只能擁有自己——形影相隨，對影長嘆。

第十：驕傲。

有一點成績就得意忘形，這種人也許會成功，但很快又會喪失他獲得的一切。這種人最容易犯錯誤，每個錯誤都是他失敗的累積。這種人的心理最脆弱，既經不起成功的喜悅，又經不起失敗的打擊。怎麼能經歷得了事業的沉浮？

第十一：狂妄。

這種人無論在哪裡都不受歡迎，儘管他有很大的才氣、很強的能力，但是一定會招來周圍的人群起而攻之，以致丟盔棄甲、兵敗烏江，最終一無所有，成爲可笑的項羽。

第十二：消極。

消極的人什麼都不想，什麼也不去做。即使有再強的能力，終生也將一事無成。更可怕的是他卻自認爲很聰明，什麼都知道，因而看不起別人，其實可能什麼都不知道。

第十三：輕信。

容易輕信的人，往往能給人一種有修養的錯覺，其實輕信是他的人性弱點。比如輕信朋友，輕信合作對象，包括輕信自己的智慧，或輕信知識，或輕信實力，或輕信權力，或輕信判斷，或輕信機遇，或輕信學歷，或輕信經驗。要知道，做生意賺錢是一種個人目的非常明確的事，也是一種以利益爲根本的事，同時又是冒風險的事。所以，輕信的性格最容易把利益拱手讓給他人，或把成功交給失誤。

第十四：多疑。

輕信的另一面是過分的多疑，這是商家大忌。懷疑的最大問題是把能夠幫助自己的力量冷落在一邊，從而形成孤軍奮戰的艱苦局面，以致離成功越來越遠。

第十五：衝動。

衝動的人往往多情。一衝動起來就隨便許諾，信口開河。但許諾不能兌現，難

免損害自己的信譽；一旦輕率地洩露了自己的經營秘密，別人就會乘虛而入。衝動還有一個缺點是輕易做決策，有時突然決定做什麼，有時會突然決定撤銷什麼計畫。這種輕率的行爲本身，很可能就是失敗。

當然，以上只是對導致貧困性格的大致歸類，但基本上已囊括了主要的影響我們賺錢致富的性格。既然我們知道了這些性格不利於我們致富，我們就一定要改變。有人說「江山易改，本性難移」，那是不正確的。實際上，只要我們有恒心、有毅力，完全可以改變那些阻礙我們致富的不良性格。比如我們可以透過多與成功人物對比，來克服自滿的個性，可以透過強迫自己冷靜分析，改變衝動的品性，可以透過學習逆境成功的典型去除消極的性格。

不正確的財富觀

即使是在二十一世紀的今天，有些人對待財富的觀念仍是相當落後的；落後的財富觀念也正是他們富不起來的原因。

有些人認爲嚮往財富、崇尚金錢是一種庸俗行爲，甚至還有人堅持「金錢是萬惡之源」。其實，追求財富是種光明正大的行爲，是個人能力的一種表現。「君子愛財，取之有道」，要發揮自己的才智去獲取財富，崇尚財富是光榮的！

事實上，人類社會發展的歷史證明：金錢對任何社會、任何人都是重要的；金錢是有益的，它使人們能夠從事許多有意義的活動；一個人在創造財富的同時，也同樣在對他人和社會做著貢獻。財富對於社會的發展產生著巨大的推動作用。

在現實生活中，人們嚮往生活水準不斷提高。我們都需要擁有一定的財產：寬敞的房屋、時髦的傢俱、現代化的電器、流行的服裝、漂亮的轎車等，這些需求，沒有金錢是得不到的。

金錢是商品交換的媒介，是一種客觀存在的物品，是好是壞，關鍵是看持有金錢的人怎樣去運用它，去發揮它的作用！

美國成功學大師拿破崙・希爾著的《思考致富》一書，激勵了成千上萬的讀者，透過積極心態去取得財富，《思考致富》中提到了下列一些人：

汽車大王亨利・福特；

石油大王約翰・洛克菲勒；

發明大王湯瑪斯・阿爾瓦・愛迪生；

鋼鐵大王安德魯・卡耐基。

這些實業界的富翁們建立了一些基金會，直到今天，這些基金會還有總計十億美元以上的基金，基金會撥出的金額專款專用於慈善和教育。這些基金會爲慈善事業捐助的金額，每年都超過了二億美元。

由此可以看出，對某些人來說，崇尚金錢是一種優良特質。

約翰・大衛森・洛克菲勒在克利夫蘭求學，當他讀到高二就中途輟學了。一個重要原因是，他父親反覆地向約翰灌輸金錢和商業意識：「人生只有靠自己，獲取財富要趁早。」他父親一有機會、一有時間，總是不厭其煩地向約翰這樣說。約翰深受父親的影響，決定輟學從商，他對這個多彩的現實世界嚮往已久，年輕的約翰很想透過自己的努力，成爲一個富有的人。

「我要成爲一個有十萬美元的人，我一定會成功的！」約翰毫不遲疑地想。十幾歲的少年，立下這樣一個目標，抱負可謂遠大。然而，連他自己都沒有想到，他後來得到的財富，要遠比他嚮往的不知多出多少倍！

高中教育雖然沒有使他博學，但卻鍛煉了他認眞謹愼的好習慣，這爲他在以後的事業中，培養了良好的素質。不過，家庭教育才是約翰日後成功的最主要的因素。

在約翰的一生中，對他影響最大的是他父親。他父親望子成龍，不僅向約翰灌輸商業意識，還耐心地教約翰如何寫商業文書、如何準確而迅速地付款，以及如何清晰地記賬等實際的商業知識。他著重訓練約翰的細心、勤快和負責。因爲父親知道，社會是冷酷的、現實的，所以他要孩子們在未踏入社會之前，就能堅強且精明地武裝起來。

金錢只是一種工具，但不是目的，不要做金錢的奴隸，要做金錢的主人。

松下幸之助，被譽爲日本經營之神，他取得了舉世矚目的經營業績，他的經營觀念和經營哲學影響了全世界的人。他創立並領導的松下電器，總資產逾千兆日元。

對於金錢，松下有一個生動的比喻：金錢好比潤滑油。這正如機器要運轉、汽

車要前進，離開潤滑油是不行的。

松下說：「爲了達到目的而工作，爲了使工作更有效率，就必須要有潤滑油。所以說，金錢是一種工具，其最主要的作用還是在於提高人們的生活。」

松下對金錢、財富的態度是去積極獲得財富，但不是當守財奴。他認爲，一個人不能當財產的奴隸。他說：「財產這東西是不可靠的！但是，辦一件事業又必須有錢。在這種意義上說，又必須珍視錢財。但『珍視』與『做奴隸』是兩回事，應該正確對待，否則，財產就會成爲包袱——看起來你好像是有了錢，實際上它卻使你受到牽累。做金錢的奴隸是人生的悲劇。」

松下這種思想是很值得人們深思的，他讓人們不要做金錢的奴隸，要時時想到一些更遠大的目標。他認爲：「明天生活的一切，都會比今天好」。凡是參與生產物質和精神產品的人，都應以此爲目標，努力工作，獲得相對的報酬，來改善人們的物質生活和文化生活，「使明天的生活比今天更好」。

潤滑油的作用在於：機器旋轉產生的摩擦損害機器時，滴上一些可以減少磨損；機器旋轉加快，只要多注入一些潤滑油就可以了。金錢也是這樣，它可以使勞動者獲得物質上的彌補和精神上的安慰——多勞多得。

高智商，低財商

如何才能成爲百萬富翁，成爲百萬富翁需要哪些條件？如果你去調查一般人，那麼他們也許會說出一連串可以料想得到的因素：財產繼承、運氣、股票市場投資等。在所列出的一連串因素中，排在最前面的絕對是：高智商、好的學習成績以及進入有名的院校。但在實際的世界中，百萬富翁中，只有少數取得過較高的智商測試分數或進入過名校。這些因素也許只對較小比例的百萬富翁有意義。

這一點使我們很多人產生疑惑，爲什麼「高智商」的人卻往往是窮人呢？其實很簡單，因爲「高智商」的人不一定有高財商，相反地，那些所謂的「低智商」的百萬富翁，卻往往有較高的財商，所以他們能夠輕而易舉地獲取財富。

所謂「財商」，是一個全新的概念，它指的是一種生產力，指的是一個人認識和駕馭金錢運動規律的能力，包括觀念、知識、行爲三個層次。觀念是指對金錢、財富及對財富創造的認識和理解過程；知識是指投資創業必不可少的知識累積，包括會計知識、投資知識、法律知識等；行爲是指觀念的表現和載體，是觀念和認識自我與環境之間的實施，突出表現了每個人自我突破、自我啓動、自我控制的素質

和能力。這三者互爲補充、互爲支持，共同構成了一個動態的、發展的財商概念。

傳統的觀念，使我們過於專注對高智商的追求，忽視了對高財商的教育，如今隨著現代社會經濟的不斷發展，和人們對金錢看法的逐步改變，財商教育已迫在眉睫。

在現代社會中，我們要深刻地認識到，高智商並不意味著我們一定會成功。

羅伯特．J．斯特恩伯格，美國這位研究智力的最高權威說過：我在耶魯大學謀得了一個終身教授的職位。我得過許多獎，發表過六百多篇論文，出版過許多著作，並獲一千萬美元的科學研究經費。我是美國藝術與科學院的院士，並被列入《美國名人傳》，也許我在生活中最大的運氣就是失敗。當我還是個孩子的時候，我的智商測試一塌糊塗。那爲什麼說是運氣呢？因爲我在小學時就知道，如果我會成功，那將不會是由於我的智商，正如無數智慧測試的低分並不妨礙成功，高分也不能保證就會成功。

像斯特恩伯格教授這樣的學術權威人物，都不是智力天才！但他們最終獲得的超人成就說明，最重要的不是先天的智慧，而是後天的努力。斯特恩伯格還因此提出衡量各種智慧的標準。

所以，一個人想致富，不能只靠先天條件和運氣，也不能一味追求高智商，應當全面發展自己的財商，讓財商成爲自己的一種終身技能。相信只有如此，我們才能擁有財富雙贏的人生。

第二章 PART 2

激發追求財富的夢想

天上永遠不會掉下禮物，財富永遠不會自己跑進你的口袋裏。

樹立創造財富的雄心

一直以來，我們的內心裡羨慕金錢，但大多數人在表面上卻鄙視金錢，我們渴望致富，但又不敢表現出來；雖然我們渴望致富，但又認爲這不是正大光明的想法，以致於相當長的一段時間裏，「賺錢、發財、致富」成爲中國人羞於啓齒的詞語。有的人不以貧窮爲恥，反而認爲窮得光榮；有的人雖然也想發財、也想賺錢、也想致富，但卻不敢大大方方地承認，更不敢堂堂正正地付諸實踐。

陳志明，來自一個窮苦的小村莊，沒有什麼學歷和文化修養，只認識自己的名字。說條件，他從小隨著母親居無定所，過著衣衫不整、三餐不濟的生活，但他竟靠炒瓜子而成了億萬富翁。有人認爲這是運氣，但是當時能炒瓜子的人數以萬計，爲什麼偏偏他發了大財？他的妻子耿秀雲說出了其中的根本原因：「志明沒有學歷，他也沒辦法用言語解釋清楚，爲什麼世上會有『錢』這種東西，但他知道錢能使人著迷。並且他對於『錢』的感覺又是出人意料地簡單：擁有它的時候，就叫富，沒有它的時候，就叫窮！」陳志明就是認定了一個道理——要賺錢！要致富！因此，別人說他投機他也不怕，只要沒有人來抓他，他照樣炒瓜子。

年廣久的故事告訴我們：要致富，首先還得敢致富。然而這最關鍵的一點卻是許多人所缺乏的，也是許多人鄙視的。即使現在的政策鼓勵並支持個人致富的情況下，仍有許多人不敢坦承自己非常渴望財富，不敢積極地落實致富的行動，生怕人家說他們一心想賺錢、想發財，好像這是一件非常丟人的事情。雖然他們看著別人有錢也會嫉妒，看見別人有私家轎車也會羨慕，但就是自己不敢想、不敢做，即使想、即使做，也是「猶抱琵琶半遮面」。

只有渴望財富，敢於付諸實踐，才有獲得財富的可能。一名二十二歲的女大學生公開宣稱要做個億萬富妹，你可能會認爲她狂妄，還會嘲笑她癡人說夢，但她現在卻實實在在地持有了價值百萬元的股票。這不是別人給的，而是她用兩萬元壓歲錢賺來的。

這位女大學生叫吳蓮子，一九九三年，她發現爸爸的朋友中有人在買賣大陸股票。她也想試試，得到父母支持後，她請朋友幫忙，以自己的名義開了戶，那年她才十六歲。

入市後，她自己模擬操作了一年。一九九四年暑假，她決定實戰一把，她拿出自己多年存下來的壓歲錢，折合人民幣三千多元，買了二百股外高橋和黃浦房產，

暑假結束時，她拋出手中的股票，淨賺了一萬五千多元人民幣。

初戰告捷，讓吳蓮子十分興奮，讓她有了無比的信心。從此，吳蓮子便正式開始在股市中奮鬥。她堅信自己能夠成功，能夠成爲億萬富翁，因爲她做過一個概算，如果不考慮成長性的波動、股價的波動、配股追加投資金額、個別年份的股災等因素，你現在投資一萬元，第二十四年就會擁有一．一二一八億元。這不是幻想，而是有事實依據的。如果你一八九九年在可口可樂公司創立時持有一股股份，那麼到今天，已經變成價值二．五億美元的資產。

現代社會的迅速發展，資訊知識的更新迅速，市場經濟的異常活躍，爲獲得財富創造了無數機會，我們沒有必要隱藏我們的致富欲望，也沒有必要掩飾我們的致富行爲。創造財富本來就是一件光彩的事情，它能帶給你舒適的生活、高水準的教育、有品味的家庭、完善的醫療保健……。在現在的社會體制下，貧窮在某些程度上，只不過是無能的表現。我們需要金錢來改善我們的生活，需要財富來豐富我們的人生！如果抱著「吃不到的葡萄就是酸的」這種心態，見到別人致富只是眼紅，不發揮創造性、積極性，那是愚蠢的，是沒有人會憐憫你的。

在市場經濟條件下，我們感到了金錢的重要。中國人太需要金錢的刺激了。過去我們的生活太簡單，我們太能忍受「清貧」了，現代生活的嚴峻性打破了我們的傳統觀念，它使人們第一次感到自己缺少錢，這才是眞正窮的感覺。鄙視金錢的時代已經一去不復返，在一個需要財富的社會，我們完全可以堂堂正正地亮出致富的旗幟，光明正大地去獲取財富。

強化創富欲望

約瑟夫・墨菲告訴我們：「想得到財富，先必將財富的觀念送入潛意識，不論何時何地，心中要先相信你會有很多財富。」總結自己致富的經驗，其中重要的一點就是，當自己身心輕鬆時，每天對自己說幾遍下面的話：「我非常喜歡錢，我愛錢，我開心地使用這些錢。同時，我希望它能增加幾倍再回到我的錢包，錢實在是個好東西，它會往我的錢包裏源源不斷地流進，我一定會將它用在適當的地方，我會爲了我自己的利益和財富而感謝你。」他認爲，如果你堅信上面這段話，並且不斷地強化這一觀點，同時誠實努力地投入工作，潛意識欲望就能獲得成功。

我們不是在要求人們爲金錢瘋狂或推崇拜金主義，而是傳達一種積極向上的觀念，那就是要培養強烈的致富欲望。雖然渴望財富不一定馬上就有財富，但是你時刻存在著這種意念，你就會發現許多賺錢的門路；時刻想著致富，你就會找到許多致富的機會。在複雜多變的現代社會裏，許多獲取財富機遇的把握，往往取決於自己的靈感。渴望的理念使你的眼光更具洞察力。

思想能夠促進行動，動機能夠激發靈感，要時刻思考和強烈渴望致富，你就會發動自己的一切能量去追求致富，使自己的一切理念、行動、個性、才能，與致富的欲望相吻合；對於一些與致富的欲望相衝突、矛盾的東西，你會努力去克服、消除；對於有助於致富的東西，你會竭盡全力去尋找並壯大。如此，經過長期的努力，你便會成爲一個你所渴望的致富者，使致富的欲望更快地化爲事實。相反地，要是致富的欲望不強烈，一遇到少許挫折，便退避三舍，將致富的欲望淡化或壓抑下去，那肯定將一事無成。

成功學始祖卡耐基，沒有受過什麼高等教育，年輕時只做過鍋爐工、記賬員、電報業務記事員等最底層的工作。除了機敏和勤奮，其他物質條件卡耐基一無所有。但卡耐基具有強烈的致富欲望。他在少年時代就立下誓言：賺錢成爲大富豪。在當時美國那動盪及戰亂年代，他的夢想被人恥笑，說他是吹牛皮的野心家。但他就是在那種強烈的致富欲望的激勵下，最終登上了美國「鋼鐵大王」的寶座。

無數的成功案例可以證明，信心與欲望的力量，可以將人從卑下的社會底層提升到社會上層，使窮漢變成富翁，使失敗者重整雄風……。欲望的力量使可能變成現實。獲取財富的過程中欲望越強烈，成功的可能性就越大。

放眼當今中國大陸，在從前我們的認知裡，都還是窮困的人，然而，近幾年，

富裕階層陸續翻身抬頭。在二十多年前，這些富人和現在的貧困人群，幾乎都是處在同一個起跑線上，而且有相當大的一部分人，無論是經濟條件還是個人條件，都遠不如現在的貧困人群，但偏偏他們成了富豪。爲什麼呢？就因爲他們有著更加強烈的賺錢意識。中國改革開放後的第一批富裕者，是當時最窮的農民。當時他們一無所有，甚至連三餐溫飽問題都沒有辦法解決，因此他們急於要賺錢。就在這種強烈的賺錢欲望之下，他們不顧一切地投身於中國的第一輪改革大潮。

事實已經再清楚不過地說明，強烈的賺錢意識與致富欲望，對於我們的人生轉折具有多麼重要的意義。致富者的賺錢意識，都是被生活所逼迫出來的，但現在我們完全可以主動地樹立賺錢意識，激發致富欲望。

激發強烈的致富欲望，這是致富的一個重要前提。不論你的年齡大小，不論你從事的是什麼工作，也不論你有什麼特長、什麼本領，在這裏需要提醒你的是，千方百計地激發並培養自己致富的欲望，才是你獲取財富的動力之源。

激發創富的靈感

因爲我們生活在市場經濟逐步完善的社會，因此也可以這麼說，很多時候我們所缺的不是財富，而是發現財富的眼光，或者說是培養一付可變成財富的眼光。

如果你想坐擁千金，就必須要有能發掘價值的慧眼，而且要有智慧的大腦，善於透過想像力和設計能力，把商品的潛在價值表現出來。日常生活中，我們總會碰到一些難題或者麻煩事。面對生活中的難題或不便，有慧眼的人會運用創造之心去化解難題，進而找到通往財富的坦途。

薪水階級最頭痛的事，就是打理一天三餐。受收入所限不能請保姆，只好什麼事都親自去做：下班後匆匆到菜市場轉一圈，再趕回家忙個數小時！爲滿足此種需求，出現專爲一日三餐著想的配餐公司：有洗乾淨並搭配好各種菜色，而且價格不算很高的組合菜式，兩人、三人、四人裝以及宴客餐等等，買回家就可以下鍋，也節省了上班族許多時間。這就是善於發掘，善於運用。

生活在同樣一個地方，身處同樣一個時代，爲什麼有的人坐擁千金，有的人卻窮困潦倒呢？這在相當大的程度上，並不取決於家庭背景，也不取決於學識水準與

辦事能力，首要的也是最關鍵的，就看你有沒有創富的意識，並是否能由此激發創富的靈感。

一位李先生爲了讓孩子上貴族學校，原本想在學校附近買或租一間房子。後來，他漸漸地看出了一些竅門：如果將存在銀行的錢用來買房子再租出去，這比單純存銀行所賺的利息要高很多。目前，房子不好賣，銀行爲收回貸款，鼓勵民眾購屋，甚至承諾長達二十年80％的貸款成數。有些人就購買交通便利地方的老公寓或新大樓，加上裝潢整理，再裝上電話甚至空調，就租給生意人或小公司當辦公室。李先生立即行動，他用家裏的積蓄，再從銀行辦理部分抵押貸款，買了兩間小坪數套房立即租出去，每間月租金六千元，而且一次就收半年租金，簡單省事又收益穩定。與李先生相比，在銀行裏有大筆存款的人多的是，但他們只想賺點利息就算了，因此失去了創富的機會。

有人總在埋怨沒有創富的機遇，其實，他們首先應該想想，自己是否有強烈的致富意識？財富只給有準備的大腦，你不天天想著致富，你就會對許多致富的機會視而不見，因而只能貧困潦倒。致富的靈感不是憑空產生的，而是靠強烈的欲望醞釀的。

信心和雄心相伴而行

心態和性格對一個人的精神面貌，都有著重要的影響，也深刻影響著我們對財富的追求。如果你自己都缺乏自信，別人不可能會相信你；如果別人因爲你的心態經常表現出消極軟弱，認爲你無能和膽小，你就會失去許多創造財富的機會。

相反，如果你展示給人的是一種樂觀、自信和堅強的印象，並具有那種震懾人心的魄力，那麼，事業就可能獲得巨大的成功。

只有自己對自己有信心，別人才會對你有信心。

換句話說，自信是獲得別人信任的前提，要使他人相信你，你自身首先必須展現自信和必勝的精神面貌。

信心、雄心、魄力是每個成功人士所不可缺少的。在大陸改革開放前，有誰能想到今天的大陸會躍升金磚四國，並擁有龐大的富豪階層？何況隨著社會的發展，致富的機會更多，財富大廈的建構也更加迅速與猛烈。丁磊，還不到三十歲，創造「網易」不過數年，但他的公司在美國上市後，其個人身價已超過一億美元；李澤楷也不過三十歲，卻可以創造一個千億元的電信帝國神話；世人皆知的，一個大學

都沒有讀完的比爾．蓋茲，身價卻值上千億美元，一個公司的價值，就超過全中國所有的上市公司的市值！從全球範圍內財富擁有者最多的美國來看，過去十五年來美國造就的億萬富翁，比有史以來的總和還要多。

面對正在壯大的中國富豪群體，我們不應該只是羨慕和嫉妒，應該積極思考：爲什麼他們能夠富起來，而我們卻還在貧困線上掙扎呢？

大家都生活在同一時代，所在的起點基本相同，爲什麼我們在財富上卻截然不同呢？大部分富豪都沒有特殊的家庭背景，相反地，他們基本上都是白手起家的。多的靠幾萬塊起家，少的只有幾千塊。許多人在踏上創造財富之路前，甚至比我們的條件還差。可貴的是，他們是財富路上的先趨者，過去有過去創富的機會，現在則有現在創富的途徑。實際上，隨著科技的進步與經濟的發展，未來致富的機會會更多。對此，我們應該完全充滿自信，新希望集團總裁劉永好認爲，只要有勇氣投入到新的生存方式中，就可以明顯地改善自己的生存條件。

充分的自信和堅忍不拔的意志，是事業取得成功的一個重要條件。這個世界是由自信心創造出來的。樹立堅定自信心對一個人成功有著決定性的重要性。生活在機遇和挑戰無處不在的今天，想要有所作爲、有所建樹，堅定的自信心更是不可或缺的重要因素。

包玉剛一條破船闖大海的故事，在當年只是人們的笑話。但包玉剛並不在意別人的懷疑和嘲笑，他相信自己會成功。他能夠抓住有利的時機，果斷決策，不斷發展壯大自己的事業，終於成爲雄踞「世界船王」寶座的華人巨富。他所創立的「環球航運集團」，在世界各地設有二十多家分公司，曾擁有二百多艘船隻，其載重量超過二千萬噸。他擁有的資產達五十億美元，曾位居香港十大財團的第三位。包玉剛的平民崛起，令世界上許多大企業家爲之震驚。回顧一下他成功的道路，他在困難和挑戰面前所表現出的堅定的信念，對我們每個人都會有有益的啓示。

其實，包玉剛並不是航運家出身。中學畢業後，他當過學徒、夥計，後來又學做生意，一直過著寄人籬下的辛苦生活。三十一歲時，包玉剛隨全家遷到香港，他靠父親僅有的一點資金，從事進口貿易，但生意蕭條。他拒絕了父親要他投身房地產的要求，決心從事航運，親朋好友紛紛勸阻他，不要做傻事，因爲航運的競爭太激烈，風險極大。

但是包玉剛卻信心十足，因爲他根據從事進出口貿易時獲得的資訊，深信海運將會有廣闊的發展前途。經過一番調究研查，他認爲香港背靠大陸、通航世界，是

商業貿易的集散地，其優越的地理環境，有利於從事航運業。三十七歲的包玉剛正式決心開始經營海運，他相信自己能在大海上開創一番事業。於是，他拋開了他所熟悉的銀行業、進口貿易，投身於他並不熟悉的航海業。剛開始，條件確實非常艱困，當時他連一條舊船也買不起，誰也不肯輕易把錢借給他，根本沒有人相信他會成功。他四處告貸，卻到處碰壁，雖然困難重重，但他經營航運的決心卻更加堅強。後來，在一位朋友的幫助下，他終於貸款買來一條二十年航齡的燒煤舊貨船。

從此，包玉剛就靠這條老船，揚帆起錨，躋身於航運業了。

奇蹟可以這樣誕生

信念的力量驚人，它可以改變困難的處境，獲得圓滿的結局，充滿信心的人不會怕困難、不畏懼失敗，他們是人生的勝利者。信念的力量在成功者的足跡中，產生著決定性的作用，要想事業有成，就必須擁有無堅不摧的理想和信念。

記得有位名人說過這麼一段話：你認爲自己被打倒，那你就是被打倒了；你認爲自己屹立不倒，那你就屹立不倒；你想勝利，又認爲自己不能，那你就不會勝利；你認爲你會失敗，你就失敗。一切勝利都源於個人求勝的意志與信心，一切勝利都從內心開始。你認爲自己比對手優越，你就是比他們優越。因此，你必須對自己有信心，才能獲取勝利。生活中，強者不一定是勝利者，但是，勝利遲早都屬於有信心的人。

強烈的信念，可以使一個零起點的人攀向人生的頂點，看完吳士宏的事蹟，你就會明白這個道理。

吳士宏從一個「毫無生氣、甚至滿足不了溫飽的職業護士」，先後當上IBM華南區的總經理，微軟中國總經理，TCL集團常務董事、副總裁，靠的也是奮鬥不

息的信念。

吳士宏生於一九六〇年代，曾任職於北京椿樹醫院護士一職。用吳士宏自己的話說，年青時她除了自卑地活著，一無所有。她自學高等英語，在她還差一年畢業時，她看到報紙上IBM公司招募人才，於是她透過外商人力仲介公司，準備應徵該公司，在此之前，人力仲介公司已經向IBM推薦過好多人，但都沒有被聘用。吳士宏雖然沒有高學歷，也沒有外商工作的經驗，但她有一個信念，那就是「絕不允許別人把我攔在任何門外」。

面試非常嚴格。兩輪的筆試和一次口試，吳士宏都順利地過關。最後主考官問她會不會打字，她條件反射地說：「會！」

「那麼你一分鐘能打多少？」

「您的要求是多少？」

主考官說了一個標準，吳士宏馬上承諾說可以。因爲她環視四周，發覺考場裏沒有一台打字機，果然，主考官說下次錄取時再加試打字。

實際上，吳士宏從未用過打字機。面試結束，吳士宏飛也似地跑回去，向親友借了一百七十元買了一台打字機，夜以繼日地練了一星期，雙手累得連吃飯都拿不

住筷子，但吳士宏竟奇蹟般地練就了專業打字員的水準。過了好幾個月，她才還清了這筆對她來說不小的債務，而IBM公司卻一直沒有考她的打字功夫。

吳士宏就這樣成了這家世界著名企業的一個最普通的員工。

在IBM的最初工作中，吳士宏扮演的是一個微不足道的角色，沏茶倒水，打掃衛生，完全是體力勞動。她曾感到非常自卑，吳士宏僅僅爲身處這個安全而又解決溫飽的環境而感寬慰。

然而，接著發生的幾件事情打擊了她。有一次吳士宏推著推車，外出採買辦公用品回來，卻被門口警衛攔在大樓門口，故意要檢查她的工作證。吳士宏沒有證件，於是僵持在門口，進進出出的人們投來的都是異樣的眼光，她內心充滿了恥辱感，但卻無法宣洩，吳士宏暗暗發誓：「這種日子不會久的，絕不允許別人把我攔在任何門外。」

還有一件事重創了吳士宏的自尊心，有個香港女職員，資格很老，動輒指使別人替她做事，吳士宏自然成了她驅使的對象。有天她滿臉陰雲，往吳士宏衝過來：「Juliet（吳士宏的英文名），如果你要想喝咖啡，請告訴我！」吳士宏驚詫之餘滿頭霧水，不知所云，她劈頭喊道：「如果你要喝我的咖啡，麻煩你每次把蓋子蓋好！」吳士宏這才明白，她把吳士宏當作經常偷喝她咖啡的人，這種對人格尊嚴的污辱，徹底迸發了吳士宏的奮鬥決心。事後吳士宏對自己說：有朝一日，我要有能力去管理公司裏的任何人，無論是外國人還是香港人。

自卑可以把你毀滅，也可以像推進器產生強大的動力。吳士宏想著要改變現狀，把自我從最底處帶領出來。她每天比別人多花六個小時用於工作和學習，於是，在同一批聘用者中，吳士宏第一個做了業務代表。接著，艱苦的付出又使她第一批成爲本土的經理，然後又成爲第一批去美國本部作策略研究的人。最後，吳士宏又第一個成爲**IBM**華南區的總經理。這就是信念和心血的回報。

一九九八年二月十八日，吳士宏坐上了微軟（中國）有限公司總經理的職位，全權負責包括香港在內的微軟中國區業務。據說爲爭取她加盟微軟，國際「獵人頭公司」和微軟公司做了長達半年之久的艱苦努力。吳士宏在微軟僅僅用七個月的時間，就完成了全年銷售額的130％。

在中國資訊產業界，吳士宏創下了好幾項第一：她是第一個成爲跨國資訊產業公司中國區總經理的內地人；她是惟一一個在如此高階職位的女性；她是惟一一個只有初中文憑和成人高考英語大專文憑的總經理。在中國經理人中，吳士宏被尊爲

「打工皇后」。

一九九九年六月，吳士宏辭去微軟的職務，十月十一日宣佈加盟大型國有企業TCL集團。吳士宏在新聞發表會上說，選擇TCL是經過愼重考慮的，長期以來的願望就是，將國外優秀企業引入中國，或將中國優秀企業推向國外。她立志要把TCL作爲中國品牌推到國際上去。

每個人的能力在一般情況下，只發揮了很少一部分，而在信念中某種心態的刺激下，有可能幾乎全部發揮出來，但不是每個人都能意識到，自己的能力簡直就是一個處於潛伏期的活火山，一旦有足夠的信念誘使其噴發，必將產生巨大的能力。

在市場經濟的猛烈衝擊下，我國出現了致富前所未有的創業時機。很多人都在尋找創富之路，各個行業、各個階層的人士，都在紛紛考慮創業，研究致富。但也有許多人對此信心不足，認爲自己缺乏致富的條件，缺乏致富的機遇。實際上，眞正缺少的是自信。只要我們有信心，並努力工作，我們完全可以富裕起來。

第三章 PART 3

對待財富，要有正確的觀念

事實上，只有對財富樹立正確的觀念，對自己有一個客觀準確的定位，才能從實際出發，腳踏實地的進行創造財富的活動，既不固步自封，又不脫離實際！

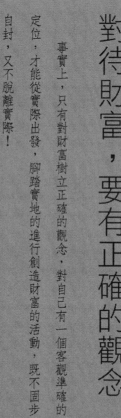

現代人需要一套正確的理財觀念

這是一個商品化的社會、投資理財的時代，理財觀念正確與否，會直接影響到你的一生。

社會在發展，時代在進步，理財觀念也就隨著社會不斷進步而發生變化。現代的理財觀念，是將金錢透過不同的需求，發揮到最大效用，它包括保障家庭的日常開支，提供一種長時的而且較充足的收入，預防一旦遭遇意外情況而使家庭收入中斷時的生活保障，以及進一步希望保值、增值，獲得更多的財富！

在現代社會，個人理財已演變成一套科學體系，有理論系統、指導思想、操作步驟。可因個人的需求、喜好，個人背景、收入差異、年齡、性別、工作職業等情況不同，而制訂每一個人的理財方法。理財的觀念已深入人心，現代生活中，理財對每一個人都很重要。可以說，在這個社會中的每一位現代人，都需要一套正確的理財觀念。在商品經濟高度發達的社會裏，理財觀念正確與否，將會直接影響到一個人的家庭、事業、前途，甚至下一代。

個人理財計畫的定義並不統一，但始終都離不開運用金錢這個話題。一般的個

人理財計畫，有如下定義：

分析所處環境 ↓ **分析財務狀況** ↓ **制定財務目標及計劃** ↓

標準實施 ↓ **事後回饋** ↓ **制定新方案**

個人理財計畫可以讓你的生活更輕鬆、更舒適，但是你首先要看一看你身處的經濟環境。經濟發展水準是高還是低？是否有充足的機會？金融體系是否健全？國家的經濟政策如何？社會法制設施是否完善？在制訂個人財務計畫時，必須考慮到大環境中經濟因素的作用與影響。

考察了環境因素之後，就要進一步研究個人的財務狀況，你的工作收入是固定還是不固定？家庭支出情況怎樣？身體健康狀況如何？有沒有固定資金？這一切都將影響你的個人理財計畫。

分析了個人的財務狀況之後，接下來就該制定你的理財目標及計畫。由於每一個人的生活背景並不相同，所以訂立的目標也必然不一樣。一般來講，影響訂立個人理財目標的因素，大致有下列幾種：①財產狀況；②收入水準；③福利待

遇，投資成本。

制訂了目標之後，就要付諸於實施，去努力實現目標，你可能要儲蓄、投資、加入保險，總之，每一個人都要向自己訂立的目標前進。

有了目標並採取了相應的步驟之後，理財是否成功，仍然需要及時的進行評估，以確定目標是否已經達到？所採取步驟是否妥當？目標是否訂得太高或太低？然後再修訂一套更完善、更適合你理財環境的理財計畫。

做有靈魂的財富擁有者

我們提倡去積極創造財富，獲得財富是光明正大的行爲。但是，在追求財富的同時，我們要牢記一點，就是要做有靈魂的財富擁有者和財富創造者。雖然社會中存在著惟利是圖、爾虞我詐，儘管有人爲斂財而不擇手段、巧取豪奪，但那是眞正財富追求者所唾棄的行爲。我們推崇透過自己的智慧、汗水，運用正大光明的手段去創造財富，那才是眞正有靈魂的人。

世界著名的成功學大師拿破崙·希爾的致富觀，值得我們學習，給我們深深的啓迪。一九六七年，當希爾已經是八十多歲的時候，他寫了一本名爲《平安寧靜的致富》的書。在此書的序言中，希爾寫道：

「在我活過的數十年裏，我閱歷的人事世事轉變，是歷史上前所未有的。我看到汽車、飛機、收音機、電器工業的擴展，工業的蓬勃遠遠超過十九世紀的夢想，科技的進步一日千里。雖然整個世界都有巨大的改變，但仍顯而易見，沒有足夠的金錢，我們的生命是坎坷的，所以，我們要努力賺錢。然而，我們要的是金錢的成功，我們不要恐懼、緊張而招致疾病、哀愁。這就是說，在擁有金錢的成功之餘，

我們也要擁有心靈的寧靜，只有如此，我們的生命才能夠完美無瑕。」

這一段文字，出自一位八十高齡、身經百戰的商場政界的老將。成功學大師的八十載親身經歷教誨我們：切勿因爲金錢而喪失你的人格；建立完善的人格，你才會擁有並享受金錢的快樂！

這用自己的智慧、勤奮、恒心、鬥志去戰勝重重困難而獲取的勝利，才是眞正的成功，是最讓人喜悅和陶醉的，獲取財富、創造財富同樣如此。人不能總是疲於拼命，辛苦奔波，應該懂得享受成功，因此，目標達成之後的最大挑戰，在於你是否懂得成功的喜悅。

許多擁有大公司的總裁們，總是不曾留意都市的高樓、美麗的天空，因爲他們從來不注意在緊張之餘來享受成功。他們眞正關注的，是如何在殘酷的商業競爭中獨佔鰲頭，如何經營才能保持領先。

有些人工作了一輩子，不曾好好地休過假，等到眞正度假時，卻發現自己已經沒體力來玩了，以前想做而沒做的事——滑冰、潛水、爬山、滑翔——如今有時間做卻做不了！

以日本來說，他們的經濟奇蹟也曾背負著若干負面影響。日本人的玩命工作是

世人皆知的，但他們在創造了經濟奇蹟的時候，是否創造了生活的奇蹟呢？答案顯然是否定的。雖然日本在消費性電器用品、汽車以及其他幾項高科技工業中，有著毋庸置疑的世界領先地位，國民平均所得也居世界頂尖之列，但是，他們的生活品質如何呢？

在日本人的日常生活中，只存在著「星期一」到「星期七」，沒有週末休息的概念。日本大都市的交通緊張狀況，也是令人咋舌的。很多在日本開車上班的人，必須清晨五點出門，將車停在公司附近，然後在車內睡個把鐘頭再去上班，這樣才能確保在上班的日子裏找到停車位。

爲了中和這些壓力，市面上便流行一種「提神」的飲料，飲料的成分包含了咖啡因、尼古丁化合物和維他命B_1。喝一瓶，就像是同時喝了一杯咖啡，又抽了一根煙，並且還吃了一顆維他命丸。這是在享受生活，還是在虐待自己？

只有體會了成功的喜悅，才是眞正肯定了自己辛勤奮鬥的價值。

當然，這自我肯定的能力必須是慢慢培養而成，它部分來自於在奮鬥過程當中的細心品味。打個比方，在旅行途中，如果你不懂得停下來聞一聞路邊的玫瑰花香，到達目的地後，只怕你也無法領略花香之美妙了。試想一個人在目標達成之後，環顧四周，卻發現只有他獨自一人，這種景象是多麼悲哀。

如果你在邁向成功致富的旅途之時，能夠隨時調整與生俱來的自我爲主的傾向，就不會出現終日工作而無快樂可言的情況。這就像只有尊重別人，才能得到別人的尊重，只有愛人，才能被人愛的道理一樣。

如果能讓自己周遭的人，都能共用生命中與生俱來追求幸福的本能，那將是人類生存的一大福音。要達到那樣的境界，必須透過持之以恆的努力，來獲得同事、家人、朋友的尊敬與感謝。

我們與其醉心於金錢和權力的累積，不如追求建立人際間的親密關係。因此，做個有靈魂的財富擁有者，不但要求你獲取財富的方式是正當的，還要求你在成功後能想到你周圍的人，並給他們幫助。獨樂樂不如眾樂樂，在幫助他人的同時，你得到周圍人的尊敬和愛戴，這難道不是幸福的快樂嗎？

冷靜地面對財富

面對金錢，你要冷靜，千萬不要迷失在金錢的光環中。

美國人最推崇的便是「自我成就」。這是個人憑藉努力和運氣的爆發，是堅忍不拔的毅力和超人的智慧；這不是天上掉下來禮物的美夢，也不是歪門斜道的投機取巧，去採用破壞遊戲規則的巧取豪奪，和侵佔公私財產的損人利己行爲。

因此，在美國自我成功的人物身上，似乎很難找到他們暴富前後有什麼顯著的變化，洛克菲勒如此，福特如此，雷根總統也如此。那麼比爾·蓋茲這位暴富得最迅速的年輕人呢？血氣方剛的他，也沒有被金錢吞噬。

被人們看成財富、智慧與新時代象徵的比爾·蓋茲，有時候也想不到自己已經是世界上最富有的人了。但他一點也不因爲富有而矯揉造作，還是保持著年輕時的本色。

人們常可以在機場遇見富甲天下的蓋茲，仍然是休閒褲、T恤襯衫和運動鞋，甚至都不是名牌。他也依舊喜歡獨來獨往而不是前呼後擁，人們很難發現他有什麼顯著的變化。見到熟人，仍然是那麼隨意和灑脫：「你好！讓我們去吃個熱狗、喝

杯咖啡如何？」

關於蓋茲在花錢上如何保守，有不少趣事。一次，他和哈地．羅任同車前往希爾頓飯店開會，由於時間上有點遲到了，以致找不到車位。這時，羅任建議停在飯店的貴賓車位。

「噢，這可要花上十二美元，這不是一個好價錢。」蓋茲強調道。

「我來付。」羅任堅持道。

「那可不是好主意，」蓋茲答覆道，「他們超收費用。」

這就是蓋茲的特殊之處。羅任在對人講述這件事時強調，這並不是吝嗇，要知道，蓋茲在請客吃飯之類的事情上相當大方。

蓋茲過著適度的生活，以致無需出售持有的股票，相反的，他的股票因分紅配股而越來越多。就這樣，一個不在意錢的人，成了世界上最富有的人。

讓積極進取的致富思想洋溢在心中

積極的心態也是創造財富的關鍵，要相信自己有能力創富。爲人處世要樂觀向上，不能消極慵懶。首先你要認爲你能，去嘗試、再嘗試，最後你就會發現你確實能。

美國創富學大師拿破崙．希爾告訴我們，致富的秘訣，是將自己的心靈充滿積極的思想。蒙利根是希爾這種理論的實踐者。蒙利根想做薄餅的生意，但每一個人都告訴他：「你完全缺乏這方面的知識，你不可能做薄餅的生意。」但蒙利根對這些議論不以爲然，而是充滿了積極進取的思想。於是他排除萬難，於一九六二年在密西根州開設第一間薄餅店。三十年後，他在全球擁有五千多間分店，成爲「薄餅大王」。

獲取成功不竭的動力源泉，即積極的思想，就是一種永遠向上的進取心，有了進取心，就會鬥志昂揚排除萬難、邁向成功。

進取心是一個人成功的關鍵因素之一。拿破崙．希爾研究了美國最成功的五百個人的生平，還結識了這些人當中的許多人。他發現這些人的成功故事中，都有一

個不可缺少的元素，那就是強烈的進取心。這些人即使屢遭失敗，仍舊鬥志昂揚、信心不滅。在他看來，只有能克服不可思議的障礙及極大失望的人，才能獲得巨大的成功。他的話跟美國發明家布卡·T·華盛頓的話相似：「我明白了，成功的大小不是由這個人達到的人生高度衡量的，而是由他在成功路上克服的障礙的數目來衡量的。」

世界巨豪福勒，就是一個令人嘆服的典範。

福勒的家境在他童年時期很窮，他的母親生了他們七個孩子，爲了生計，他五歲參加勞動，九歲之前就像大人一樣以趕騾子爲生。但有一天，他母親的一番話改變了他整個的人生：「福勒，我們不應該這麼窮。我不願意聽到你們說：我們的窮是上帝的意願。我們的貧窮不是由於上帝的緣故，而是因爲你們的父親從來就沒有產生過致富的念頭。不僅是你們的父親，我們家庭裏任何人都沒有產生過出人頭地的想法。」

「念頭」，這個詞沉重地擊打著福勒的心房。

福勒開始思考致富。他讓關於走向富有的念頭佔據了他全部心思，而把雜念統統拋到腦後。他選擇了肥皂業。於是，他像我們現在很多可憐的推銷員那樣，挨家挨戶地推銷肥皂。十二年之後，他終於有了二萬五千美元。

恰好，福勒知道供應他肥皂的那家公司要拍賣出售，售價是十五萬美元。福勒興奮極了，由於太過興奮，他竟然忘記了自己只有二萬五千美元，於是他與這家公司達成協定，先交二萬五千美元作爲保證金，然後在十天之內付清餘款，否則，那筆保證金——也就是他的全部財產——將不予退還。福勒興奮地只說了一個字：「行！」

這時福勒其實已經把自己逼上絕路，但他感到的不是絕望，而是成功的興奮。是什麼使他如此冒險，就是那個致富的念頭，就是他那對人生的積極心態。

福勒開始籌錢，由於做了十二年的推銷員，他在社會上建立起很好的人緣。朋友們共借給他十一萬五千美元，只差一萬美元了。但是，這時已經是規定的第十天的前夜，而且是深夜，所以，那一萬美元的差額就不是個小問題。

福勒發愁了。

但是，致富的念頭，他對人生的積極心態，使他沒有失望。他在深夜再次走上街頭。成功之後，福勒說：「當時，我已用盡我所知道的一切資金來源。那時已是沉沉深夜，我在幽暗的房間中跪下祈禱，祈求上帝引導我見到一個能及時借給我一

萬美元的人。我開車走遍六十一號大街，直到我在一幢商業大樓看到第一道燈光。」

這便是福勒最著名的「尋找燈光」的故事。

這時已是深夜十一點。福勒走進那幢商業樓，在昏黃的燈光裏，看到一個由於工作而疲乏不堪的先生。爲了順利進行那份購買肥皂公司的協議，福勒忘記了一切，心中只有勇氣和智慧。他不假思索地說：「先生，你想賺到一千美元嗎？」

「當然想嘍……」那位先生因爲這個好運氣的突如其來而有點驚慌失措。

「那麼，給我開一張一萬美元的支票，等我歸還您的借款時，我將另付你一千美元的利息。」

福勒於是講述了他面臨的困境，並把有關的資料讓那位先生看。

福勒拿到了一萬美元。

福勒由此開始，邁進了世界巨富的行列。

福勒的故事，無疑給我們這樣一個啓示：

不爲困難折服的積極心態，的確是我們每個人邁上成功之路的開始。對於許多渴望賺錢致富以改變自己貧窮命運的人而言，如何認識自己目前的「一無所有」，

對其以後的發展至關重要。一般來說，持「反正我也是一貧如洗，再怎麼努力奮鬥也無濟於事」態度的人，必將貧困潦倒終生，並且一事無成；而抱「雖然我眼下一無所有，但是我將努力去奮鬥……」想法的人，將成爲眞正的勝者，走上白手創業、賺大錢的道路。

用暗示來改變自己

拿破崙．希爾博士在《心理致富法》一書裏面認爲，自我暗示是一種樹立正確財富觀念的好辦法，並且首次提出六個自我暗示的「黃金」步驟。

1. 你要在心裏，確定希望擁有的財富數字——如果散漫地說：「我需要很多、很多的錢」是沒有用的；你必須確定你要求的財富的具體金額。

2. 確確實實地決定，你將會付出什麼努力與多少代價，去換取你所需要的錢——世界上沒有不勞而獲這回事的。

3. 規定一個固定的日期，一定要在這日期之前，把你要求的錢賺到手——沒有時間表，你的船永遠不會「靠岸」。

4. 擬定一個實現你理想的可行性計畫，並馬上進行……。你要習慣「行動」，不能夠再耽於「空想」。

5. 將以上四點清楚地寫下——不可以單靠記憶，一定要記成白紙黑字。

6. 不妨每天兩次，大聲朗誦你寫下的計畫的內容。一次在晚上就寢之前，另一次在早上起床之後——當你朗誦的時候，你必須看到、感覺到和深信你已經擁

有這些錢！

以上的幾個自我暗示步驟，看似簡單，其實卻非常重要，所以希爾博士在書中反覆叮嚀：

「對一些沒有接受過嚴格心靈鍛煉的人來說，以上六個步驟是『行不通』的……。請你先記住，將這些步驟傳下來的人，不是沒有完善意識和致富勇氣的平庸之輩，而是一些世界上經濟和政治領域中，頗爲成功的傑出人物。」

希爾博士激勵的自我暗示步驟，使我們深刻認識到自我暗示的重要性。因爲，人們的意識會形成一種「心理導向效應」，即人的內心都會有一種強烈的接受外界暗示，透過語言、聲音的傳播媒介，樹立形象的渴望。所以，我們在心裏爲自己描繪的形象，就決定了自己的未來，暗示往往是無法改變的，因爲它在潛移默化中影響我們的成長。

我們常說「言必行」，意思是說話要有信用。其實這句話還有更深的一層意思，就是語言有著非常明顯的暗示和自我暗示作用，因爲你所說的話對你的行爲已經產生了影響，因爲「說」也是一種心理強化。無論是說積極的話還是消極的話，它的影響都無法抹殺。

我們都有這樣的感受，當痛苦萬分、無法排遣的時候，對其他人表述，痛苦就會減輕許多。當一個基督教徒內心有「罪惡」感而無法超脫時，採取的辦法就是向「主」懺悔——對主傾訴，以減輕愧疚感。

另外，當我們爲某事「誇下海口」時，負責的人都會盡自己最大努力去完成。因爲說出來了，就有壓力、就有動力，有個言行一致的信譽問題。這就是心理暗示。

在日常生活中，這樣的例子比比皆是，一個經常說消極語言的人，決不會積極向上；反之，積極奮進的人，說的話則多是積極的。因此，經常用帶激勵的自我暗示的話提醒自己，便會融入自己的身心，保持積極的心態，形成強大的心理力量，激勵自己前進。

積極的語言包括：

我是負責任的！

我是最優秀的！

我一定會成功！

好運即將降臨在我身上！

……這樣的言詞，根據各人的實際情況和需要可以有所不同，但目的卻一致，就是要提高自信，督促自己不斷前進。

可以經常對著山水、曠野或在屋內高聲喊叫，或不停地默誦，日久必見成效。不要把這當成形式主義，實際上形式達到一定的「量」，一定能引起「質」的變化。

著名的霍桑實驗表明，生產效率的高低，除了受一定外部因素的影響，在更大的程度上取決於士氣的高低。人們經常透過一些特殊的方法，即用某種語言和行爲刺激人的心態，來調節士氣，用以糾正自己的行爲。

提高自我價值，需要不斷地用激勵暗示自己。心理學上激勵的含義，主要是指激發人的行爲動因，使人具有一股內在的動力，爲期望目標作出努力的心理過程。哈佛大學的心理學家威廉·詹姆士研究發現，一個沒有受激勵暗示的人，僅能發揮其能力的五分之一左右，而當他受到激勵暗示時，其能力可以發揮至五分之四。這就是說，同樣一個人，在透過充分激勵後，所發揮的作用相當於激勵前的三至四倍。

著名黑人領袖馬丁・路德・金說過：「世界上所做的每一件事，都是抱著希望而做成的。」人們基於對環境的認識，進而產生了價值感和期望，導致需要，需要又引起動機。但動機是否必定產生相對的行爲，這將取決於目標的實踐可能程度。

絶不要把自己當作想像的敵人

在追求財富人生的路上，很多人終其一生貧困潦倒。究其根源在於他們把自己當作了想像中的敵人，他們甚至認爲擁有財富是一件不可能的事情，這種想法毀了他們一輩子。所以記住，你不要成爲你自己的敵人。

相反地，我們應當學會爲自己樹立一個榜樣——你最想成爲的那一個人。如果沒有現成的，也可「組合」一個。然後，給自己一個角色假定，心理學上也叫「內模擬」，進而使自己朝著榜樣的方向努力。

有一個美國人，四十歲了仍一事無成，他自己也認爲自己簡直倒楣透了：離婚、破產、失業……，他不知道自己是否還有活著的價值。他對自己非常不滿，變得古怪、易怒，同時又十分脆弱。有一天，他在紐約街頭算命，他隨意一試。

吉卜賽人看過他的手相之後，說：「您是一個偉人，您很了不起！」

「什麼？」他大吃一驚，「我是個偉人，你不是在開玩笑吧！」

吉卜賽人平靜地說：「您知道您是誰嗎？」

「我是誰？」他暗想，「是不幸的人。」

但他仍然故作鎮靜地問：「我是誰呢？」

「您是偉人，」吉卜賽人說，「您知道嗎，您是華盛頓轉世！您身上流的血、您的勇氣和智慧，都是華盛頓的啊！先生，難道您眞的沒有發覺，您的面貌也很像華盛頓。」

「不會吧……」他遲疑地說，「我離婚了……我破產了……我失業了……我幾乎無家可歸……」

「哎，那是您的過去，」吉卜賽人只好說，「您的未來可不得了！如果先生您不相信，就不用給錢好了。不過，五年後，您將是美國最成功的人啊！因爲您就是華盛頓化身！」

他表面裝作極不相信地離開了，但心裏卻有了一種從未有過的偉大感覺。他對華盛頓產生了濃厚的興趣。回家後，就想方設法找與華盛頓有關的一切書籍論述來學習。隨著時間的推移，周圍的人都換了一種態度對待他，事情開始順利起來。

後來他才領悟到，其實一切都沒有變，是他自己變了：他的魄力、思維模式都在模仿華盛頓，就連走路說話都像。十三年以後，也就是在他五十五歲的時候，他成了億萬富翁，美國赫赫有名的成功人士。

這種前後對比反差極大的人生狀態，不能不使我們震驚，所以，不要將自己變成自己想像中的敵人，誤以爲擁有財富的人生是不可能的，反之，你應該告訴自己，這一切都是可能實現的。

第四章 PART 4

科學有效的家庭理財

家庭理財是一門科學，只有在實際運用中，才能發揮其作用，因此必須在理財實戰中，不斷提升我們的理財能力。

拋棄不切實際的幻想

理財致富不可能像中樂透彩那樣來得迅速，也不大可能像比爾．蓋茲賺錢那樣過癮。因爲中樂透彩的機率畢竟太小，大多數人也難以像比爾．蓋茲那樣，擁有高智商、高情商的頭腦。一般人想要致富，主要還是得靠理財，這種理財不是可以立竿見影的，需要一個較長期的過程。因此，理財致富要有足夠的耐心。理財致富，實際上是某種意義上的耐心致富。

我們可以看到，現在絕大多數的富人，其財富都是由小錢經過長期逐漸累積起來的。初期大部分的人所擁有的本錢，都相對少得可憐。然而大成就就是由一連串的小成功所累積而成的，大財富是由小財富的累積，再加上複利作用而形成的。

耐心是理財的必要條件。一個人有耐心、能熬得住長期的等待時間，他創造財富的力量會越來越大，這就是「複利」的特色。然而，今天我們身處社會轉折期，事事強調速度與效率，吃飯上速食餐廳、寄信使用快遞、開車上高速公路、洗照片到快速沖洗店、學東西上速成班……，人們也隨之變得越來越急近功利、沒有耐性。在投資理財上，也顯得急躁而缺乏耐心，想要馬上見到成果。在其他事務上求快或許較有效率，但投資理財卻快不得。時間是理財的必要條件，所謂欲速則不達，越求快越達不到目的。「半途而廢」，遇上一點挫折就很容易灰心，這是一般投資人常犯的毛病，卻不知缺乏耐心與毅力是難有成就的。

致富幾乎是每個人所渴求的，一般人總認爲，每個月的收入不多，扣除各種必要的開銷，能夠儲蓄下來的所剩無幾，以這種財富累積的速度，致富簡直跟神話一樣。若有足夠的耐心，並懂得理財，成爲富翁並非不可能。有人認爲，理財致富只需具備三個基本條件：固定的儲蓄、追求高報酬——即作爲經濟人追求利潤最大化，以及長期的等待。

如同生命的成長一樣，財富的增長是點點滴滴、日日月月、歲歲年年在複利的作用下實現的，一步登天是不可能的。這是自然界的定律，上天從不改其自然法則，而且也不可能改變。

不少投資人在一夜之間成爲百萬富翁，這是由於僥倖，「可能僥倖一時，但不可能經常僥倖」，因而很多人失敗了。一夕致富的投機與一夕致貧的風險，一直以來都像是連體嬰一樣，一個在台前，一個在幕後。爲什麼一朝致富者之中，大多數人的下場是血本無歸或傾家蕩產，其原因就是在此。他們沒有耐心，因而不可能像

理財者那樣富有得紮實、富有得牢靠。

還有許多想創業的人，老是抱怨自己沒有資金，沒有門路。他們不知道，賺錢要靠能力，而能力是工作經驗的累積。如果你在工作中不能夠忍受一切苦難，沒有勇氣吞下生命中的苦果，如果你不具備迎難而上的精神，想在「無中生有」的情形下創立自己的事業，那才是眞正的「無中生有」呢。

對白手創業者而言，不怕困難的意義，就在於敢把別人認爲不可能的事情變成可能，把別人做不到的事情，想辦法做到。惟有這樣，你才夠資格創業，否則，你就安心替人家打一輩子工，不要有任何妄想了。

亞洲首富李嘉誠，他的理財秘訣很簡單：理財必須花費長久的時間，短時間是看不出效果的。一個人想到利用理財而快速致富，可以說是一點希望也沒有。

因此，理財者必須理解理財活動是「馬拉松競賽」，而非「百米衝刺」，是耐力的較量，不是爆發力的比拼。要想投資理財致富，你必須經過一段非常漫長時間的等待，才可以看出結果。

集腋成裘的理財法

洛克菲勒是名揚全世界的富豪家族。這個家族組成的財團，到一九七四年的資產已達到二千三百零五億美元，約等於美國當年國內生產總值的五分之一。它控制著紐約的六家大銀行中的二家、四家大保險公司中的二家、全美五家大石油公司中的四家。

洛克菲勒壟斷資本集團的創始人約翰．大衛森．洛克菲勒創業的一生，就是勤儉的一生。自小在艱難的生活中長大，養成了勤儉和奮鬥的精神。他快到十六歲時，決心自己創業，時常研究如何致富，但是無路可找。有一天，他在報紙上看到一則資訊，是宣傳一本發財秘訣的書。洛克菲勒看後喜出望外，急忙到書店購買這本「寶典」。該書包裝精密，不能隨便翻閱，只在買者付了錢，然後才可以用剪刀打開。洛克菲勒求知心切，買後匆匆回家打開閱讀，豈知翻開一看，全書僅印有「勤儉」二字，他又氣又失望。

洛克菲勒雖然有些氣急敗壞，但到後來他感到要致富確實必須靠勤儉。他徹底覺悟後，從此不知疲倦地勤奮創業，並十分注重節約儲蓄。就這樣，他堅持了五年

多的打工生涯，終於靠勤儉儲蓄了八百美元。經過多年邊打工、邊觀察的生活，洛克菲勒認準了自己的創業目標：經營石油。

的確，勤儉能使人致富。有人統計過，依照世界的標準利率計算，如果一個人每天儲蓄一塊錢，八十八年後可以得到一百萬元。時間雖然長了一點。但每日儲蓄一元，如果有了這種勤儉的精神，這種人就會利用這些錢去賺錢，大多在切實執行十年、二十年後，就會很容易地得到一百萬元了。如洛克菲勒，他埋頭苦幹了五年，並將掙來的一點一滴的錢節省下來，終於使他有了創業的小資本。

一八五九年，洛克菲勒將自己有限的資本投入石油開發，他很快就鑽出了第一口油井。洛克菲勒利用自己油田開採出的石油，以及採購別人的一些石油進行提煉。到了一八六三年，他的煉油廠已經發展到了相當的規模。善於運籌管理的洛克菲勒，透過經濟手段，秘密地取得了鐵路運輸的優惠，掌握了大量運油用的鐵路車輛，進而增強了競爭力，並且併購別的小型煉油廠來拓展自己的規模。

到一八六九年，他的煉油廠每天能生產一千五百桶成品石油，成爲當時美國最大的煉油廠。一八七〇年一月，洛克菲勒將他的煉油廠變爲股份公司，正式定名爲美孚石油公司。到一八七八年，美孚公司以強大的競爭力戰勝了它的強大對手

——賓州鐵路公司，取得了三十八家石油公司的股權，控制了美國煉油工業資產產值90％以上，確立了它在石油工業中的壟斷地位。隨著美孚石油公司業務不斷擴大，到一八九五年，它的營業收入達六四七．六億美元，躍居世界最大五百家公司的第二十二位。

洛克菲勒隨著「石油帝國」實力的迅速提高，緊接著把經營業務擴展到金融、工業及一些公共事業方面。第一次世界大戰後，他收購了美國的公平信託公司，一九二九年，又取得了大通銀行的控制權，同時還取得了兩家人壽保險公司的控制權。到一九三五年，洛克菲勒在海外一共設立起近百家公司，他很快由美國的「石油大王」，變爲世界的「創業大王」，那時他擁有的資產已達六十六億美元。

洛克菲勒白手起家，他致富的訣竅之一就是注重和堅持勤儉。他到了晚年已成爲美國三大富翁之一。有一次他出差到華盛頓，訂了一間最便宜的客房。酒店經理大惑不解地問他：「眞奇怪，洛克菲勒先生，令公子投宿本酒店時，總是訂最好的房間，可你總是住最便宜的房間，這是什麼緣故？」洛克菲勒笑著說：「哦！道理很簡單，我的兒子有福氣啊！他有一個有錢的爸爸，而我沒有呀！」從這個故事中，我們可以看出洛氏一生的勤儉作風。

十九世紀，石油巨頭無數，最後只有洛克菲勒越來越強大，其成功有其必然性。有關專家在分析他的創富秘訣時發現，精打細算是他取得成就的主要原因。

洛克菲勒踏入社會後的第一份工作，就是在一家名爲休威．泰德的公司當簿記員，這爲他以後的數字生涯奠定了良好的基礎。由於他在該公司的勤懇、認眞、嚴謹，不僅把本職的工作做得很出色，還幾次在送交商行的單據上查出了錯漏之處，爲公司節省了數筆可觀的支出，因此深得老闆賞識。

洛克菲勒在自己的公司中，更是注重節約成本，提煉每加侖原油的成本，也要求計算到小數點後第三位。爲此，他每天早上一上班，就要求公司部門將一份有關淨值的報表送上來。經過多年的商業洗禮，洛克菲勒能夠準確地查閱呈報上來的成本開支、銷售以及損益等各項數字，並能從中發現問題，以此來考核每個部門的工作。一八七九年，他寫信向一個煉油廠的經理質問：「爲什麼你們提煉一加侖原油要花一．八二分，而東部的一個煉油廠做同樣的工作，只要一．八二九分？」就連價值極微的油桶塞子，他也不放過，他曾寫過這樣的信：「上個月，你的工廠彙報庫存有一一一九個塞子，本月初送去你的工廠一萬個，本月你們使用九五二七個，而現在報告剩餘九一二個，那麼剩下的六八〇個塞子哪裡去了？」洞察入微，追根究底，不容你半點馬虎。正如後人對他的評價，洛克菲勒是統計分析、成本會計和單位計價的一名先驅，是今天大企業的「一塊拱頂石」。

洛克菲勒曾就降低提煉石油成本一事說過，標準石油公司必須永遠認識到，它是在爲窮人煉油，因此他們必須買到物美價廉的商品。爲了節約費用，洛克菲勒標準公司創造了一整套「垂直定體」的做法，在客觀條件允許的範圍內，盡可能實現自給自足，不讓任何人在公司能夠自行解決的專案中賺到錢。這後來成爲二十世紀老練成熟的公司所追求的目標。

在此方針指導下，公司自己製造油桶，在每個桶子上節省一美元；洛克菲勒年復一年投資，並全力以赴親自指導經營，而製造出公司自用的儲油車廂，提高了運輸效率，防止了石油滲漏。這種在裝貨臺上安裝著兩個巨型木桶的方法，有效地利用了貨車載運的空間，便是洛克菲勒智慧的結晶。

我們對待各種生活支出，就應該像洛克菲勒那麼節儉、那麼精打細算，這確實是聚斂財富的法寶。美國的一本暢銷書《隔鄰的富豪》，用大量事實表達了同樣的觀點：致富的鑰匙在於量入爲出。作者告訴我們，大多數百萬富翁都是買現成的西裝，開普通的福特車，在平價商場購物，在普通的速食店吃早餐。

理財技巧誰都知道，累積財富也不過開源和節流兩大方法，開源較費工夫，節流簡單易行，但我們卻往往忽視了後者。

美國一名叫尼克森的商人，奉行大蕭條時期「用到壞、穿到破、沒有也要過」的信條已經有許多年了，他覺得簡樸人生也挺好的，便在家裡編輯出版了一份《吝嗇家月報》。他在月報裡提供了十項省錢致富的小秘訣：

1. 不斷從薪水中撥出部分存款，5%、10%、25%都可以，反正一定要存；
2. 算清楚每天、每週、每月你的錢流向哪裡，也就是要詳細列出預算與支出表；
3. 檢查、核對所有的收據，看看商家有沒有多收費；
4. 信用卡只保留一張，欠賬每月絕對還清；
5. 自己準備便當上班，這樣每週約可節省二百五十元的午餐費，每年省下一萬元的費用，可以支付房屋貸款或存作退休基金，會有更多利潤；
6. 與人合乘或搭乘公共交通工具上下班，節省停車費、汽油費、保險費、汽車的耗損以及找車位的時間；
7. 買東西時別忘想一想「花這個錢值不值得」，便宜貨不見得划得來，貴也不一定能保證品質。

另一位別名「狂熱節儉家」的「吝嗇專家」達希．珍，自費出版《完全守財奴月報》已達六年之久，向讀者提供了無數省錢致富的生活小秘訣，包括如何自製營養可口又便宜的濃湯配麵包。這兩位另類致富專家強調，你省下來的一塊錢，大於你賺進的一塊錢。達希．珍說，如果你想賺錢，不外乎「找更高薪酬的職業」和「多省點錢」兩條管道。很多人靠第二管道，即「多省點錢」來實現了目標。

爲什麼高薪職業不見得讓人富有呢？尼克森舉了一個例子：一位部長級的官員，雖有一百五十萬元的年薪，但爲了維持高官的面子，花在衣著、汽車、應酬、停車、保險、豪宅上面的錢所占的比例實在太大，其實存不了多少錢。尼克森指出，想通這一個道理，他辭職另謀「低」就，過簡單一點的日子，反而會比以前存下更多的錢。

有人用六個字形容富人：節儉、節儉、節儉。眞是再貼切不過了。眞正有錢的人都懂得節省和投資，眞正有錢的人，不會買昂貴的豪華轎車，並且不到最後關頭不會換車；眞正有錢的人，也不會住在最醒眼的高級住宅地區，反而常常住在普通住宅區。

韋氏字典對節儉的定義是：「節約運用資源的行爲。」反義詞當然就是浪費，浪費可定義爲鋪張奢華、過度消費的生活方式。

坐吃必然帶來山空。創富過程中，既要「開源」，又要「節流」。節儉的意義不止於保持財富，更重要的還在於增長財富。勤儉節約的美德，是創富者必須具備的特質之一。

然而，現代商人、企業中，不少人對這種精打細算的節儉作風不以爲然，還認爲小氣，太苛刻自己。有些暴發戶，一旦事業發展了，便逐漸丟掉了節儉的根本，金錢的揮霍成了他們生活的目的。他們不僅花費鉅資，換取物質生活的舒適，甚至還企圖用錢買回自我優越感，於是炫耀財富擺闊，奢靡無度，惟恐錢多的無處花。可以斷定，這種生活方式，即使家有萬金，也會「坐吃山空」。

以前，有一個窮人，一天，他撿到一個雞蛋，回來便對妻子說：「我有家當了，這顆蛋可以借鄰居家的母雞孵小雞，等到雞賣了以後，再去買一頭牛來繁殖，賣牛有錢放高利貸，這樣日復一日，年復一年，我們就會得到更多的錢……」

我們姑且不對這個窮人目標的可實現性作出評價，但有一點需要指出：如果這個人不把得到的雞蛋拿去孵小雞，而是吃掉，那麼他一定難以實現致富的目標。社

會上確實有一些先富有起來的人，只顧眼前，不思長遠，總想把「下蛋的雞」吃光，盲目消費，不知如何是好，於是就賭、就嫖、就吸毒、就比賽燒鈔票，就是不會想到要擴大公司經營、拓展生意。但是，錢再多也是有限的，「坐吃」必然帶來「山空」。不精打細算，富不起來，即使偶然富了起來，不勤儉節約也富不長久。

培養家庭理財的能力

隨著人們物質文化生活水準的不斷提高，投資管道日漸拓寬，家庭理財越來越顯得重要。

家庭和企業是社會的細胞，但家庭和企業理財並不是一直都受到同等程度的重視，我們一向對企業的財務與金融給予相當的重視，家庭則被忽略。但是就目前情況來看，家庭收入和財富在不斷增長，與此同時，市場的各種不確定性越來越大，並且越來越影響到家庭的各種行爲，家庭理財變得越來越受重視了。

大家都知道，在現代社會裡，居家過日子並不容易，能過上好日子就更不容易，因爲要過日子，必要的經濟負擔是不可避免的。一個家庭若沒有起碼的經濟能力，以負擔各種家庭的需求，家庭勢必解體，家庭成員也無法在家庭內生存下去。如何管理好家庭經濟，對於維繫一個家庭如何過好日子至關重要，因此，家庭理財是擺在每個家庭面前不可忽視的重要課題。

何謂家庭理財?從概念上講，就是要學會有效、合理地處理和運用錢財，讓自己的花費實現效用最大化，最大限度地滿足日常生活需要和聚積財富。簡而言之，

家庭理財就是對家庭經濟（主要是家庭收入和支出）進行科學的計畫和管理，增強家庭經濟實力，提高抗風險能力。從廣義的角度來講，合理的家庭理財對節省社會資源、提高社會福利、促進社會的穩定發展，也有重要作用。

從技術的角度來看，家庭理財就是在開源節流的原則指導下，最大限度地增加收入、節省支出，用最合理的方式，來達到一個家庭所希望達到的最佳經濟目標。這樣的目標，小到增添家電設備、外出旅遊，大到買車、購屋、儲備子女的教育經費，直至安排退休後的晚年生活等等。因此建立起一套全面的、並符合將來社會發展潮流的，而且受益終生的家庭理財投資方法是必要的。隨著個人投資熱的興起，家庭理財的重要性日益重要。那麼，如何才能成功理好家庭之財呢？

一家調查機構最近的調查顯示，我國家庭的理財方法仍很傳統、簡單，大多限於儲蓄。其實除了儲蓄，還有很多投資領域，如債券、股票、保險、郵票、收藏品、房屋等。那麼，如何涉足新的投資領域呢？筆者認爲，投資者首先應使自己做一個明白的投資者，只有明白的投資者，才能「投有所得」。因此，投資者有必要加強對一些金融知識及專業知識的學習，特別要防止盲目衝動，掌握好風險程度。現在，隨著經濟生活的日漸豐富，投資領域愈來愈寬廣。投資領域的拓寬，也爲家庭理財帶來了許許多多機會。我們在保證一定儲蓄量的同時，應該積極學會嘗試新的投資活動。

如何進行家庭理財活動呢？一般應從以下五個方面來考慮。

第一，建立家庭理財檔案。

主要包括家庭投資計畫、投資對象、家庭金融資產、家庭消費支出、家庭財產清單、收藏品賬目，等等。有電腦的家庭可以在電腦上設立家庭理財檔案，沒有電腦的家庭，利用筆記和筆也能把理財檔案建好。家庭投資規模有大有小，投資的重點是能比較穩定性地獲得利潤。如果每年都做投資計畫，每年給自己定下比較現實的目標，投資心態就不容易爲外界各種變化所動，也就不容易出現大的投資失誤。

第二，家庭投資要講究科學。

當你在投資不同的金融項目時，會發現其收益率是完全不一樣的。如何合理地和科學地投資相應的金融項目，獲取最大的收益率?這裡需要科學的計畫，一般認爲，按長、中、短期的期限來投資和消費，使期限不同、收益不同的資產綜合起

來，可保證家庭經濟的「可持續發展」。

一是，將自己收入的30％左右用於長期投資，以國債爲例，如購買三或五年期的國債，因爲與同期儲蓄相比之下，國債的投資價值比儲蓄收益率高，這樣既能獲得高收益，又無風險，且年年又能保持穩定增長。

二是，運用平均期限分散投資，例如給子女辦理享受免稅贈與，選擇一定比例的定期存款等。

三是，家庭理財講究減少風險。隨著市場經濟的逐步發展，家庭經濟中涉及的擔保、集資等活動很多，只要稍不留心，就會被騙，爲家庭財產帶來損失。因此，要正確樹立家庭理財觀念，不隨便爲他人作擔保，不要參與社會上的非法集資活動，不參與非法調換外匯交易，以確保家庭財產的安全。應合理科學地分散投資趨向，增加家庭的額外收入。同時，對條件富裕、資金寬裕的家庭，可適當投資一些上市股票、郵票和錢幣市場，以高風險獲得高收益。

第三，學會用小錢創造大機會。

大多數人都還不算是富有，那麼，對一些資金不特別多的家庭，同樣也存在一

個投資的問題，這種投資可稱爲「以小搏大」，即花小錢去創造大機會。現在這種機會也不少，例如在樂透彩券、體育彩券，有些商家舉辦的有獎促銷等等。這種投資額不大，卻有可能中大獎。但需要特別值得注意的是，對這種靠運氣而獲得回報的投資方法，要做到有計劃、限量投入，不可傾囊而出，否則最終將貽害自己和家庭。

第四，善於花錢。

對於一個成功的理財家庭而言，即使是花錢，也要花得「値」錢。因爲節約了不該花的錢，節約了不必花的錢，同樣等於賺了錢。不少家庭在日常消費支出上相當隨便，存在形形色色的消費誤區，如果平時不加注意，就會浪費爲數不少的金錢。家庭投資是爲了增加家庭收入，增收的途徑十分多元，但有一點不能忽視的是，省下來的錢也是賺來的錢。只要平時做個有心人，精打細算，就可以少花錢、多辦事，省下不該花的冤枉錢，就可以在保證相同的消費水平和消費品質上，省下數量可觀的金錢。

那麼，在花錢中，如何節約用錢呢？首先要避免衝動購物，消費時不要放縱自己。二是小事上別太大方，有的人喜歡在小事上太隨意。如無節制「搭計程車」等，這樣積少成多，浪費就大了。三是購物善用時間差，如淡季購物，特定節假日購物，這些時候購物都能得到多種優惠。四是購物時不要購置閒置用品，或購買一些功能太多、但閒置功能也多的物品。

第五，用今天的錢為明天造福。

學會用今天的錢去爲明天造福，這種理財觀念，對於時下的家庭顯得尤爲重要。隨著改革的不斷深入，社會福利問題會變得很嚴峻，未來的社會必須靠自己爲自己提供保障。

正因爲這樣，現代家庭必須爲今後的保障進行適度的投資。如投入一定的資金，用於購買保險；或可以按計劃連續存入一定的儲蓄，自己存錢去買保險；同時，還可以購買一些有升值價值的收藏品，這樣一可以作爲投資，二可以在關鍵時候派上用場。

儲蓄投資的方法

在現代社會中，提到儲蓄，幾乎是眾所皆知。對於一般的家庭來說，當他們手中開始有多餘的錢時，考慮如何使這些錢保值、增值的時候，儲蓄往往成爲其首選的投資方式。

那麼，儲蓄這種最古老、最具傳統的投資方式，憑什麼在人們心中保持魅力、長盛不衰呢？我們不妨先看看儲蓄投資所具有的與眾不同的優勢。

第一，儲蓄是風險最小的家庭投資方式。

儲戶把錢存入銀行，等於銀行從儲戶借錢，作爲接納儲戶資金的代價，銀行要按一定的利率和期限，付給儲戶相當的利息。儲蓄存款不僅能夠在到期時拿回本金，而且能夠賺到利息，儲戶坐收漁利，何樂而不爲呢？

第二，儲蓄是最靈活的家庭投資方式。

銀行的儲蓄業務，形式十分多樣，包括活期儲蓄、定期儲蓄、活期存款、外幣

存款……等多種方式；從時間來看，儲蓄存款除了活期存款可以隨時提存現金外，定期存款還有短期或一年、二年、三年……等不同期限和利率標準。儲戶可依據家庭經濟條件、收支狀況、特殊目的等靈活掌握，自由選擇。即使是使用定期儲蓄存款，但是存款尚未到期，若急需錢用，儲戶也透過個人有效身份證件，辦理提前解約手續。由此可見，儲蓄投資可以靈活地選取存款方式和存款期限，具有很強的變現性，投資者可以靈活調配資金。

第三，儲蓄投資是最方便的家庭投資方式。

隨著科技的發展以及銀行電腦化、網路化的發展，信用卡的使用，異地通儲業務的開辦，方便了各地儲戶。便利的自動提款機（ATM），不僅節約了儲蓄排隊等候的時間，而且能二十四小時爲儲戶提供服務。

第四，儲蓄是最安全的家庭投資方式。

存摺是採記名的，同時在提款時還必須加蓋印鑑或簽名、鍵入提款密碼等安全措施，儲戶自己保管儲戶定存單和存摺，如果不慎遺失，儲戶只要及時持本人身分

證向原開戶銀行申請掛失，就能保證存款不流失。雖然儲蓄投資的收益不是很好，但其安全性好、流動性強，透過儲蓄投資，我們可使擱置的錢保值增值、可以對付家庭生活中的不時之需，還可以爲家庭的長遠、特殊目的而儲蓄（如購屋儲蓄）。

俗話說：「積土成山，積水成淵，積跬步而致千里。」有計劃地儲蓄，能夠使家庭財富穩步增長，建成家庭經濟的蓄水池，爲提高我們的家庭生活品質，提供強有力的後盾。

第五，如何進行儲蓄投資。

儲蓄投資具有強大的優勢，但這並不意味著隨意地把錢存入銀行就行了。要想讓你的錢在儲蓄投資中獲得滿意的效果，達到家庭投資的目的，必須事先制定好儲蓄投資計畫。

制定儲蓄投資計畫前，應先瞭解分析以下三個方面的情況：

1. 我國各種存款的種類及各種類的特點；
2. 家庭實際情況及儲蓄投資的目的；
3. 當前經濟形勢及國家有關金融政策。

第六，哪些儲蓄方式可供我們選擇。

目前，一般個人儲蓄存款種類包括活期儲蓄和定期儲蓄兩大類，定期儲蓄又細分爲：整存整付定期儲蓄；零存整付定期儲蓄等。

第七，宏觀的投資環境對儲蓄投資的影響。

1. 在國家經濟發展處於興盛階段時，因爲投資上漲、社會需求猛增，銀行存款利率較高；相反的，在蕭條時期，投資削減，需求減少，銀行利率下降。因此，家庭儲蓄應瞭解經濟週期，使存款週期盡可能與經濟週期步調一致。

2. 在高通貨膨脹期間，擁有現金存款等貨幣性資產，會造成購買力損失，而金銀首飾等實物資產卻不會貶值。因此，應儘早將存款轉換爲實物資產，以降低損失。

3. 如果預計會上調利率，定期存款不宜定得過長，否則將喪失利率上調期間可能獲取的收益，因爲銀行是按存單上所記錄的利率計息的。

第八，根據家庭實際狀況制定儲蓄投資計畫。

1. 如果你的家庭尚處於十分吃緊過日子的階段，收入來源基本上只有每月固定的工資，而家庭負擔沉重，賺錢的人少，吃飯的嘴多，扣除日常生活開銷後，幾乎沒有任何結餘。那麼，每月拿到工資後，最好預算一下近期可能的開支，從收入中扣除留用，其餘的馬上以活期儲蓄方式存入銀行。正常情況下，開支不要隨意超過預算，當有確實無法避免的預算外開支時，便可從存款中提取。

2. 當你的家庭已經開始進行儲蓄，等有了一筆可觀的積蓄時，在仍然保持每月一定的活期儲蓄的同時，可將這筆積蓄轉作定期存款，爲以後的目標打基礎。例如家有學齡前兒童的年輕夫婦，可將存款定期存至孩子入學時，保證在孩子的智力投資上不成問題。也可以按月存入，以零存整付方式達到這種目的。至於到底使用哪種方式，每個家庭應根據自身情況進行選擇。有精力的話，可以將錢分成幾部分，分類投資於不同種類上，使各類存款到期日互相銜接，靈活方便與穩當的利息兼而得之。

3. 當你的家庭生活已經超越小康、奔向富裕時，有了相當可觀的財富，並且每月收支相抵後的餘額也很可觀，就可將一部分的錢以定期方式存入銀行，做好風險準備。這時，因有較高的風險擔負能力，沒有後顧之憂，便可拿一部分資金或利用每月結餘，到股票、債券、房地產等其他投資市場。贏了可以使家庭經濟更加穩定；輸了不至於危及生活，陷入「水深火熱」之中。

4. 如果你的家庭已完全成熟，兒女長大，自立門戶，自己又有大筆金錢，便要開始爲退休後的生活作盤算。可採用整存零付的方式和零存整付的方式儲蓄，使晚年生活過得安穩妥當。

以上是就不同經濟狀況和投資目的，所擬出的幾種比較可行的家庭儲蓄投資計畫。這裏我們強調的安全第一、不影響家庭正常生活所需的投資，並不排除在積蓄不多時，採用其他投資方式，實現家庭投資目的。各個家庭可以根據自己的偏愛，設計適合自己的投資計畫。

第九，精確計算儲蓄存款利息。

儲戶將錢存入銀行，銀行都要按規定向儲戶發送利息。不同存款種類和不同期限下有不同的利率。銀行一方面爲了便於儲戶進行選擇，另一方面爲了增加透明度，都運用掛牌營業方式，標明存款種類、期限和利率。

從自己的選擇，按照「利息＝本金×時間×利率」的公式，就可以算出存款到

期時所能得到的利息了。

關於利息具體如何計算，銀行另有一些細小的原則性規定。雖然準確計算出來的幾元幾角利息對我們本身來說用處或許不大，但對我們進行家庭投資的管理卻用處很大，因此，我們有必要熟悉一下銀行的這些規定。

第十，利率調整時如何計息。

銀行進行利率調整，使儲戶取款日與原存款日利率不一致，應該按哪個利率計算？

活期儲蓄存款如遇利率調整，不分段計息，均以提領日掛牌公告的活期存款利率支付利息，而不管存款時利率到底是多少。

定期儲蓄存款在原定期內如遇到利率調整，無論調高還是調低，銀行均按定期存單開戶日所規定的利率計付利息。

第十一，定期儲蓄存款提前支取如何計息。

銀行規定，儲戶在定期存款到期前，如因急需，可憑本人身份證辦理提前支取，其計息方法如下。

1. 全部提前支取的，按提領日掛牌公告的活期存款利率計算利息。

2. 部分提前支取的，提前領取部分，按提領日掛牌公告的活期儲蓄存款利率計付利息，未提領部分在到期時，仍按定期存單上所列的開戶時的定期儲蓄存款利率付利息。

第十二，定期儲蓄存款逾期支取如何計息。

定期儲蓄存款到期後，儲戶未立即提取，而是過了一段時間後再去支取，其利息計算方法是：原定期限內利息仍然按定期利率計算；超過原定期限的，按支取日掛牌公告的活期儲蓄存款利率和實際超過的天數計算。

借貸投資的方法

借貸投資也是一種理財致富的方法。

第一，用別人的錢賺自己的錢。

善用別人的錢賺錢，是獲得巨額財富的一條捷徑。富蘭克林、尼克森、希爾頓都曾用過這個方法。如果你已經很節約，同樣的方法仍然適用。

威廉．尼克森說：「百萬富翁幾乎都是負債累累。」

富蘭克林在一七四八年《給年輕企業家的遺言》中說：「錢是多產的，自然生生不息。錢生錢，利滾利。」「用別人的錢」是正當的、誠實的，絕不背叛道德良知。同時，要作優惠的回報。

誠信是無法代替的，沒有誠信的人，即使花言巧語，也會被人戳穿。借用別人的錢，首先要誠信，誠信是所有事業成功的基石。

銀行是你的朋友。銀行的主要業務是放款，把錢借給有信用的人，賺取利息；借出愈多，獲利愈大。銀行是專家，也是你的朋友，它想要幫助你，比任何人更迫切見到你成功。

第二，爭取投資人的三步策略。

單絲不成線，獨木不成林。一個人創業不可能單憑資本，還必須吸納別人的資本投入。

爭取你的投資人，形成多點支撐，就能使自己的事業穩如泰山、如日中天。因此，爭取別人對你的事業進行投資，就顯得極爲重要。

公司的大小新舊，對其籌集資金的難易程度，有十分重大的影響，其道理淺顯易懂，大公司股票上市形成轟動，其本身就是一種免費的宣傳。舊公司本來就有知名度，亦可使其在籌措資金方面的努力，削減許多困難。反之，對尚未有知名度的新成立的中小私人企業而言，怎樣才能使投資者對企業產生興趣和信心？如何使廣大投資者在廣闊的投資領域中，獨青睞於貴公司？如何在競爭激烈的資金市場，出奇制勝，獲得所需資金？說句實話，這可不是一件簡單的事。

根據現代創富理念，獲得發展資金的重要途徑是吸引投資，市場上有無數投資者，如何吸引投資者使其對你留意，進而對你的公司的發展前途和潛力擁有信心，

從而對注入資金在本公司產生興趣，眞心採取投資行爲呢？你面臨的是廣大投資群體，這些投資群體包括銀行、其他大型投資公司等。然而，什麼樣的策略才能抓住這些投資者呢？現代創富理念要求你分三步走。

第一步，必須從制訂一個完備的經營計畫入手。一份詳盡的經營計畫，就是一塊事業成功的敲門磚，或者，就是投資大門的門票。要吸引投資者，卻沒有一個詳錄完全、內容翔實的經濟計畫，可供潛在的投資者參考或進一步研究，這簡直就是空中樓閣。

一份成功的經營計畫，應該包括以下條件：

1. 清晰可讀，條理分明，排列井然有序，重點突出，內容充實，提綱簡潔；
2. 長短適中，文字不可太華麗，亦不可太平淡；
3. 計畫書裏，至少要說明公司未來幾年內的營業目標及其有關的經營理念；
4. 計畫公司每年生產產品與服務專案的數量及品質，連同該項產品的消費者與服務對象等，應給予簡介分析；
5. 對公司潛力與將來在市場上可能面對的最新行銷競爭情況，以及有關的可能發展，都應該作簡要說明，而且要給出有力的證據，才能取得投資者的信賴；

6. 各種固定與變動成本、直接與間接成本、銷售數量與價格、營運成績與利潤、股東與盈餘分配的辦法及實際情形等，也應作扼要說明；

7. 應簡介公司經理人及其他幹部的資歷與能力；

8. 公司財務計畫與執行情況；

9. 必須告訴投資人，在正常情況下，只要適當操作，其投資股本應在多少時間內獲得回收；

10. 爲了儘快有效吸引所需投資金額，應謹慎選擇吸引投資的對象，全力以赴，重點出擊，避開由於目標太多、無法兼顧反而坐失良機；

11. 當公司代表與有關對象直接面談，以口頭介紹此經營計畫時，應更加把握重點，簡明扼要地點出其重點部分。

由於投資者的心態及觀點，與企業家的心態大相逕庭，瞭解投資者的心態及觀點十分重要。企業家在開創事業之初，原已經過謹慎的市場調查及本身的經驗實力估量，覺得可行且有獲利前途，方才毅然投入時間、金錢、財力與物力去開拓事業，所以大體上，他是以樂觀的心態來對待其企業之未來發展與前途。換句話說，即使企業面臨困境或遇到某些經營上的障礙，企業家以其創始人的心態，總是不由

自主地以樂觀的心理期待否極泰來，堅信自己可以挺過難關，始終不肯輕易接受該企業可能必須結束的命運。

反之，投資者的心情與之大相逕庭，他未曾有付出開創企業的心力，當然也就缺乏一份自然的關懷與愛心。他們關心的只是成本與利潤，投入資金的回報。所以，瞭解這個根本差異，對撰寫以吸引投資爲目的的計劃自然是非常重要的。投資估量企業風險與利潤時，有他自己考慮的因素。投資者投資前，會考慮如下四大要素。

1. 具有充分證據，表明公司的產品與服務已獲消費者肯定。投資人希望看到公司即將推出的新產品或服務項目，有消費者願意採用——仍然是在試用或展示期間的讚譽也行。受消費者肯定或青睞的產品，才是公司通往成功之路的保障。

2. 配合投資者實現其需要。投資者所注重的是企業的長期發展潛力，但缺乏與企業家相同的與企業共存亡的信念，他們的投資目的僅僅是爲了贏利。於是，當他們一旦發覺投資將不能按期收回，便會決定收回投資。

3. 掌握投資重點。投資人希望企業家與經營者確切掌握公司的重點產品，積極拓展重點業務，才能穩保贏利能力；他們不希望公司像無頭蒼蠅一樣四處亂撞。

經營項目如果太多，可能會使公司像百貨公司一樣沒有風格，從而影響其主力產品的推廣與利潤的實現。

4. 擁有特許經營權、專利權、商標等。一個擁有專利權、著作權與商標的公司，並不能確保在經營上就一定一帆風順，因爲事業成功的因素非常多，但擁有特許經營權、專利著作權者，可以說它的競爭已降至最少。競爭少就是風險低，風險低就使獲利可能性增大，投資者對此還是非常喜歡的。

第二步，尋找恰當的投資人。企業經營者爲了吸納資金，認眞地擬寫營運計畫書，發現缺陷後，又一再改寫，最終是希望能提出一個最完備的計畫書，達成吸引投資者的目的。可是別忘記了，擁有一套完美的計畫，並不意味著資金已經唾手可得。好的經營策略雖然不一定需要讓大眾知道，但卻需要讓所有潛在的參與投資者明白，此時更需要進一步去找尋投資可能性高的投資者，然後加以介紹解釋，以獲取信任，贏得信心，才能達到吸引投資的目的。所以，好的經營計畫應在最適合的機遇，以最得意的方式，展現給最適當的對象。所有的條件具備，這場吸引投資的爭奪戰，就可以說是立於不敗之地了。

那麼，哪些是值得爭奪的潛在投資人呢？我們認爲主要有以下三類。

第一類，專業的投資公司。這種投資公司在西方很多見。伴隨一九八〇年代企業國際化與跨國公司的發展，資金的需求量越來越多，單一企業主或少數人的資力或其舉債能力，已無法應付企業擴充所需的資金，於是專業投資公司應運而生。相信隨著我國加入WTO，這種投資公司就會像雨後春筍一樣越來越多。

第二類，是次於專業投資公司規模的較小的投資基金。投資基金是指略具公司雛形，不過規模較小、資金也較少，儘管亦屬專業投資，但因其資金財力不能和專業投資公司相比，所以其平均每筆投入的資金額小於投資公司。因投資規模較小，所以投資的風險也較小。

第三類，是「非正式投資人」。「非正式投資人」這個名詞，最早是由美國一位商學院的教授提出來的。他對這個名詞的定義是，具有雄厚財力的個人或團體，並不是正式地等待投資機會，而是被動地採取或參與投資行動。這些投資人的資金規模，不能對大公司進行投資，所以他們是中小公司爭取的更爲理想的對象。

第三步，就是與投資者面談。應該爲這最後一步作充分的準備。投資者將著重考慮哪些要素呢？

1. 企業主及其相關人員對此次要談的經營計畫，是否有充分的準備？

2. 面談解說有關產品簡介與市場分析時，是否清晰準確，是否與經營計畫所寫相符合？

3. 企業主如何評價該公司經營理念與取得投資人的信賴？

4. 企業主對其公司人員經營管理背景與專長的瞭解程度如何？

5. 回答投資人提問的速度、深度與廣度如何？

6. 投資人本身對該企業的直觀感覺如何？對該企業主的個人印象如何？

作爲要致富的你，必須首先從這幾方面做準備，才能確保獲取投資成功。

第三，掌握借錢的三種時機。

借用別人的錢財，可以爲自己賺取更多的金錢，但是借錢也不是輕而易舉的事。借錢要講究，借錢的時機也是有講究的，不講究時機，就可能借了錢不但發不了財，搞不好還要虧本。抓住正確的借錢時機，決定了你借來的錢是否能夠替你賺取更多的錢。

根據現代理財智商理念，下列因素通常決定你的借貸是否適時，最恰當的借錢時機有三。

1. 利率低。資本的成本其實就是利息。假如利率高，錢存入銀行最高可以有十厘的利息收入，不少的投資是收不到這樣高的回報。但既然銀行發給存戶的利息如此高，轉手借給你的利息自然會比存款利率更高。如果借入的資本利息很高，但投資的利潤卻不能補回這些利息支出，借錢就顯得並不合算。但假如投資的預期回報豐厚，利率又下降，借錢投資就大多不會錯。

2. 通貨膨脹。如果物價指數如脫韁的野馬，自己拿著鈔票就會漸漸失去一些購買力。正因爲如此，就更應去借錢。因爲銀行只會收取利息，並不去注意物價指數。如果銀行年利率十厘，借入三百萬的話，明年就要還三百三十萬。但如果今年物價上漲快速，今年三百萬的房子，明年可能會升值到六百萬，現在借入三百萬買房子，一年之後就升值兩倍多，你還給銀行的錢，只是三百萬本金加上三十萬元的支出。

這個例子雖然有點誇張，但是只要在借錢時考慮了這個因素，還本付息時只是給予已經貶值的貨幣，無形中自己也賺了不少，小小利息根本不值一提。

借錢並不是毫無目的的，借貸一無是處的話，便白白浪費了貸款額度和利息。站在投資理財的角度而言，你必須先行規劃這一筆錢怎樣運用，投資在哪些地方。

有了詳細的計畫後，借錢就是配合的必要行動。假若借錢用來存錢（把貸款用以收息），這些不明智的投資計畫和借貸是不恰當的，天下沒有這樣的傻人。

3. 利潤風險比率。利潤風險比率是投資學一個極其重要的名詞。一個投資是否值得一拼，就要看利潤風險比率。比如收益大於風險，賺就會賺一千萬，賠就只賠一萬，如此投資就應該值得一搏。但如果賺錢最多就是賺一萬元，賠就可賠上千萬元，風險如此大，收益如此小，明白人一看就知不值一搏。如果利潤大、風險又小的話，即使借錢回來投資也值得一試。

借錢期限越長，由於其後幾年通貨膨脹累積原因，還款已經變得不值一提。借錢期越長，反而會使你更有信心要把巨額的借貸還完。錢財的數目並沒改變，變的只是鈔票的購買力。

第四，會借還要會還。

從下面的事例中，我們可以感悟到借用他人的金錢之後，還要善於掌握還錢的時機。

一九二八年，斯加特還是一位年輕的推銷員，他去訪問芝加哥大陸伊利諾斯銀

行和信託公司的一位職員。當時這位銀行家正在與一位顧客談話，斯加特便在一旁等著。這時他從側面聽到銀行家說：「市場經濟不能保持永遠上升，我正在出售我的股票。」（這就是說，這位銀行家預測到經濟蕭條時期將要來到，所以就採取了行動。）

美國有些很聰明、眼光很銳利的投資者，今年他們還擁有財富，到了來年股票市場急劇下跌的時候，便失去了財富，因爲他們缺乏週期知識，或者他們雖有週期的知識，卻未能像那位銀行家那樣，馬上行動起來。

那時各行各業，包括農業的人，因爲他們的財富是透過銀行的信貸而獲取的，所以都失去了自己的財富。當他們的擔保品的價值上升時，他們就借更多的錢，買更多的擔保品如耕地或別的資產。但當他們的擔保品的市場價值下跌，銀行被迫向他們回收貸款時，他們就無力償還信貸，以致破產。

週期是定期循環的。在一九七〇年的上半年，百萬計的人再次失去他們的財富，這是因爲他們未能及時售出他們的部分擔保品，還清他們的信貸，或者因爲他們沒有自動限制，還在購買新的擔保品，背上新債。因此當你借用他人的資金時，你一定要計算好，怎樣才能向借款給你的個人或機構還清貸款。

　　重要的是，如果你已喪失了你的部分財富或全部財富，仍要記住，週期是循環的。要毫無疑慮地在恰當的時候重新奮起。今天的許多富人是以前喪失過財富的人。但是，由於他們沒有喪失積極的心態，他們有勇氣從自己的教訓中重獲利益，結果他們終於贏得了更大的財富。

第五章 PART 5

理財的風險管理

大多數投資者說：「不要冒險。」富有的投資者卻恰好在尋找那些被一般人認為是「冒險」的機會。

理財投資是有風險的

毫無疑問，理財投資是大多數人追求財富人生的最佳方法。但是我們同時也應當意識到，只要是投資必然帶有風險，這是投資的「鐵律」之一。什麼是風險呢？用通俗的話來說，是指在未來會造成虧損的可能性。只要有可能帶來虧損，就有風險。

會影響投資價值的風險分以下八種。

1. **本金損失的風險**。不論是因市場因素或經營優劣，只要可能損失本金，就有這類風險。
2. **收益損失的風險**。指投資無法帶來預期的收益，如租金收不到，或無法分配到股利等類型的風險。
3. **通貨膨脹風險**。也稱爲購買力風險，雖然其對投資影響相當大，但很多人卻往往忽略了這項因素。
4. **時機風險**。有股票買賣經驗的人都知道，適時進出、低買高賣是賺錢的好方法，但眞正能掌握這樣時機的人卻很少。除了股票外，房地產、公司債券和其他投資性較高的投資（如期貨），受這種風險的影響也很大。

5. **流動性風險**。指投資無法在需要時適時變換爲現金。銀行存款、債券和多數股票一般都可以很快變現，所以流動性風險較低；但房地產和一般私人收藏品就不是容易變現的投資，風險較高。

6. **管理風險**。它指需要花時間、精力進行管理，從另一個角度來講，也算是一種風險。買幢房子來出租，就牽涉到這種風險。另外，國內股市投資人經常把時間耗在證券公司裏，無心從事正常的職業，這種風險事實上出奇地高。

7. **稅收風險**。嚴格而言，這項因素絕對不能忽視。規劃不當，實質投資獲利會減少。

8. **利率風險**。對於負有債務的人而言，利率上升會使利息負擔增加；對靠利息收入維生的退休人士而言，利率降低會使收入減少。

對理財風險要有正確的認識

這裡我們談談風險和報酬的問題。我們知道，財務活動經常是在有風險的情況下進行的，所以就有了「理財」一說。

冒風險，就要求得到額外的收益，否則很明顯——不值得去冒險。投資者由於冒險進行投資而獲得的、超過資金時間價值的額外收益，就是投資的風險價值，即風險報酬。風險廣泛存在於財務活動中，並且對爲投資者實現其財務目標有重要影響。人們雖然怕提到「風險」，但實際上風險是無法迴避和忽視的。

由於風險是一種比較難掌握的概念，自然其意義也有各種說法。現在我們不妨這樣理解：如果投資者的一種投資行爲，有多種可能的結果，其將來的財務後果是不肯定的，就叫有「有風險」。如果這項行爲只有一種結果，就叫「沒有風險」。例如，現在將一筆款項存入銀行，可以確知一年後將得到本和利，幾乎沒有風險。這種情況在投資實踐中是很罕見的，它的風險固然小，但是報酬也很低，很難稱之爲眞正意義上的投資。

一般說來，風險是指在一定條件下和一定時期內、可能發生的各種結果的變動程度，它也是一個變數。就像我們在預估投資項目的報酬時，不可能十分精確，也沒有百分之百的把握。有些事情的未來發展，我們事先不能確知的，風險是事件本身的不確定性，是客觀存在的。就像買股票一樣，你在什麼時間、買哪一種或哪幾種股票、各買多少，風險是不一樣的，這些問題一旦決定下來，風險大小你就無法改變了。這也就是說，特定投資的風險大小是客觀的，但你是否冒風險及冒多大風險，是可以選擇的，是由主觀決定的。我們知道，風險的大小隨時間延續而變化，是「一定時期內」的風險。

例如，我們已經進行一個投資項目，開始對它的成本預計可能不很準確，越接近完工則預計越準確。隨時間延續，事件的不確定性在縮小，事件完成，其結果也就昭然若揭了。因此，風險總是有時間性的。嚴格說來，風險和不確定性還是有區別的。風險是指事前可以知道所有可能的後果，以及每種後果的發生機率。不確定性是指事前不知道所有可能後果，或者雖然知道可能後果，但卻不知道它們出現的機率。

假設我們要到一個新區去找金礦，事前知道只有找到和找不到兩種後果，但不知道兩種後果的可能性各是多少，屬於「不確定」問題而非風險問題。在面對實際

問題時，兩者很難區分，風險的機率往往不能準確知道，不確定性也可以估計一個概率，因此在實務領域對風險和不確定性不作區分，都視爲「風險」問題對待，把風險理解爲可測定機率的不確定性。

機率的測定有兩種：一種是客觀機率，是指根據大量歷史的實際資料計算出來的機率；另一種是主觀機率，是在沒有大量實際資料的情況下，人們根據有限資料和經驗合理估計的。風險可能給投資人帶來超出預期的收益，也可能帶來超出預期的損失。就平常心態來說，投資人對意外損失的關切，比對意外收益要強烈得多。因此人們研究風險時側重減少損失，主要從不利的方面來考察風險，經常把風險看成是不利事件發生的可能性。從財務的角度來說，風險主要指無法達到預期報酬的可能性。從投資者本身來看，我們常常把風險分爲經營風險（商業風險）和財務風險（籌資風險）。我們主要來談一談後者。

財務風險是指因借款而增加的風險。舉一個簡單的例子。A君自有資金十萬元，景氣好每年盈利二萬元，其資金報酬率爲20％，景氣不佳虧損一萬元，資金報酬率爲負10％。假設A君預計今年會景氣上升，借款十萬元，利率爲10％，預期盈利四萬元（20萬×20％），付息後盈利爲三萬元。資金報酬率上升爲30％。這就是負債經營的好處。但是，這個籌資決策加大了原來的風險。如果借款後碰上的是不景氣，A君付息前虧損爲二萬元，再付息一萬元之後合計虧損三萬元。資金報酬率爲負30％，這就是負債經營之風險。

從以上實例可以看到，舉債加大了投資者的風險。運氣好時賺得更多，運氣不好時賠得更慘。如果不借錢，投資者只用自身的資金，那麼他沒有財務風險，只有經營風險。如果經營是肯定的（實際上總有經營風險），假如肯定能賺10％，那麼負債再多也不要緊，只要利率低於10％。

一般的投資都在迴避風險，他們不願意做只有一半成功機會的賭博。報酬率相同時，人們會理所當然地選擇風險小的項目，風險相同時，人們又會情不自禁地選擇報酬率高的項目。問題在於，市場競爭的結果是：高風險的項目必須有高報酬，否則就沒有人投資；低報酬的項目必須風險很低，否則也沒有人投資。面對這種情況如何決策呢？這就要看報酬是否高到值得去冒險，以及投資人對風險的態度。

任何人在承受風險時都有一定的限度，超過了限度，風險就變成了一種負擔，可能會對我們的情緒或心理造成傷害。因爲，過度的風險會帶來憂慮，憂慮則會影響到我們的各個生活層面，包括健康、工作、家庭生活、交友和休閒等。所以，當

我們進行投資時，必須考慮自己能夠或者願意承擔多少風險，這牽涉到個人本身的條件和個性。

一個人面對風險表現出來的態度，通常可分爲四種狀態，那就是：①急進型；②中庸型；③保守型；④極端保守型。

急進型的人願意接受高風險，以追求高獲利。中庸型的人願意承擔部分風險，求取高於平均的獲利。保守型的人則往往爲了安全獲取眼前的收入，寧願放棄可能高於一般平均的收益。極端保守型的人幾乎不願承擔任何風險，寧可把錢放在銀行孳生蠅頭小利。

你是屬於哪一種類型的人呢？本書提供兩組問題讓你做自我測驗，幫你確定你像哪一類型的人。第一組問題是用來測驗面對風險所採取的態度，不妨仔細想想，根據過去的生活經驗，試做解答。問題如下：

1. 你喜歡賠錢嗎？
2. 你在壓力之下，還能表現得很好嗎？
3. 你能擺脫過度憂慮嗎？
4. 你是否寧可買一支風險甚高的股票，而不願把錢放在銀行生利息？

5. 你對自己的決定，是不是多數時候具有信心？

6. 你是不是喜歡自己處理投資？

7. 在投資時，你能控制住情緒嗎？

如果你的答案有六個或七個「是」，就是急進型的人；如果只有一兩個「是」，應該算是極保守的人。答案若有三至五個是肯定的，可能是中庸型或保守型，肯定的答案越少，越傾向保守。

第一組測驗是測出一個人面對風險的態度，眞正要確定承受風險的程度，還必須考慮其他的客觀因素，像家庭的收入、開銷，待撫養的小孩……等等。以往，就算你心態上是急進的，但現實的情況卻讓人沒有能力去承擔風險，你也沒辦法做一個急進型的人。

1. 你有足夠的收入應付家庭的基本所需嗎？

2. 你有合適的壽險、醫療或殘障保險嗎？

3. 萬一你的主要收入來源斷絕了，你是否有足夠的積蓄應付？

4. 你是否擺脫得了繁重的財務負擔？

5. 如果你在股市中損失了部分的錢，你能承受嗎？

如果以上五個問題的答案都是肯定的，就有資格把自己歸爲急進型的人；以上五個問題只要有一個出現了否定的答案，就應該把自己列爲極端保守型的人，因爲你沒有本錢好冒險。

另外，我們可以透過「風險分析」來衡量風險承受度，讓你可以檢驗自己在面對各種風險時的承受能力。

二十至三十五歲的最大風險是時機風險，利率風險最低。三十五歲至六十歲的人正值收入高峰，所以所得稅是最大的風險，利率風險則相當低。

等到了六十歲，最重要的是手邊有錢，所以本金損失風險是最需要克服的風險，時機風險則變得無關緊要。

透過分析，可以將自己的主觀態度和客觀情勢一併加以考慮。不過，進行分析時，以下三個原則最好謹記在心：

1. 在同一個時間或面對一種投資時，想要規避所有的風險是不可能的；
2. 一般而言，最好在年輕時承擔風險；
3. 要獲取預期的報酬，就必須承受風險。

如果你決定自己應該要舉債投資的話，接下來的問題是：你該舉多少債？這是

個相當重要的問題。因爲舉債太多，風險太大；反之，舉債太少，又惟恐沒有充分利用別人的錢來賺錢。

個人家庭該舉多少債？這和「一家公司應該有多少舉債」一樣，是個難以精確回答的問題。實際上必須依照每個家庭的狀況主觀判斷。不過有一點可以確定，一個家庭若有舉債能力，但欲採取不舉債的方式，就太過於保守，並非適當的理財方式，反之，若過度舉債亦太危險。每個家庭在舉債時，應充分考慮自己的現實狀況，理智判斷自己的舉債程度。至於該舉多少債，應考慮下列的因素。

1. **收入的穩定性**。舉債的利息不論投資賺錢與否，都必須按時支付，若個人的收入來源不穩定，則可能有無法按時支付固定利息之虞，因此，不適合過高的舉債投資。如果收入較穩定，則有能力使用較多的舉債。
2. **個人的資產**。向金融機構借款，必須要有實質的資產當作擔保品。因此擁有較多適合用來作爲貸款抵押品的資產，則可運用較大的舉債投資。
3. **投資報酬率**。在其他條件不變的情況下，投資報酬率愈高，財務槓桿的利益就愈大。
4. **通貨膨脹率**。通貨膨脹率高的時期，借貸較爲有利。通貨膨脹讓你能用價

值較低的錢還債。

5. **風險承受的程度**。任何人對於風險的承受程度都不一樣，這和個性及個人條件有相當大的關係。無法承受太高的風險的人，不宜做過高的舉債投資，就算是最後因舉債投資賺大錢，細胞可能也死了不少。

明白了以上風險和報酬的基本關係後，人們自然就會想方設法去控制風險。風險控制的主要方法，是多角度經營和多管道籌資。在分散風險的同時，利潤也在全社會進行了必然的再分配。

總之，舉債投資、借雞下蛋是投資者加快致富的重要手段。由於舉債風險是客觀存在的，因此，投資者要量力而行，在作出投資決策之前，要對自己作正確評估，瞭解自身需要和承受風險的能力，以及對投資的實際管理能力。如果投資者只想到賺錢後的快樂，完全不考慮賠錢的可能性，將難以保持平穩的心態去迎接挑戰，使投資成爲沉重的負擔。這也是應該提醒諸君千萬注意的首要問題：「借貸有風險，決策須謹慎。」

風險是逃避不了的

報刊上曾刊登過一則發生在湖北農村的眞實故事。

一位老農夫，從年輕時候起就省吃儉用，到四十多歲時，省吃儉用存了五千元人民幣。因考慮日後養老之用，在自家牆壁挖了一個洞，用木箱把錢幣裝好，埋入牆內，以爲完全可靠，急用時又取之方便（當地交通封閉，存款要到二十里以外的鎮上）。沒想到時間一晃過去了三十年，老漢一直很健康地活到七十多歲，在七十三歲那年突然暴病身亡，死前還來不及告知子孫牆壁埋幣之事。

不久，一場暴雨把老漢的房子摧垮。在清理房屋時，發現牆內洞穴的木箱裡裝滿紙屑，經仔細辨認，才知是被牆內老鼠咬碎的紙幣。死去的老漢在九泉之下，可能怎麼也不明白，自己辛辛苦苦存的養老錢，在如此「安全」的防範下，竟讓老鼠享了口福。

這則故事告訴我們一個道理，投資處處有風險，但是死守家財的風險可能會更大。在變化多端、複雜難測的投資世界裡，各種不確定的情況都能發生。當風險發生之時，你該如何面對，這是每一位投資人所必須面對的問題。之所以稱爲風險，

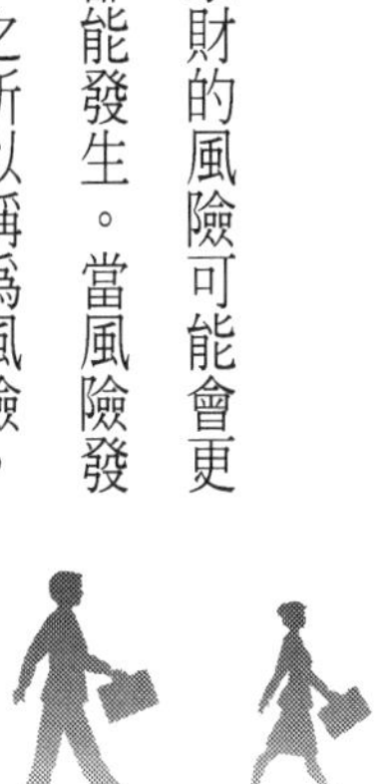

就是因爲未來的結果具有不確定的因素，風險是無法規避的。因此投資理財切忌只顧及報酬，而忽略了風險。事實上，如何管理風險更爲重要。但風險管理的目的，並不是嘗試將風險完全消除，而是承認風險存在的事實，並更進一步分析風險，進而降低風險。

投資人在從事風險管理的同時，必須瞭解「你永遠無法事先爲風險作好萬全的準備」。許多人想利用預測或專家的預言來規避風險。事實上，不管你預測技術多麼精確，專家的預言多麼神奇，亦不可能完全規避風險。預測對投資人最大的傷害不是預測的不準，而是投資人因爲過分相信預測而喪失風險意識。只在乎預測的結果是否發生，而不在乎潛在的風險有多大。投資若僅依賴預測，而少了風險分析的過程是極其危險的。任何一個好的投資決策，其結果必然充滿未知、不確定性與危險性；況且沒有不確定性與稍具危險性的投資，也不可能是好的投資。

典型而常見的投資實例如股票、房地產、債券等伴隨的高風險，大家瞭解可能多一些。有些讀者也許會覺得，銀行存款也是一種投資，將錢存入銀行，到期還本取息，根本不存在風險，其實不然。自從人類流通貨幣以來，通貨膨脹無時不在，無處不在。只把錢放在銀行孳生蠅頭小利，根本無法對抗通貨膨脹。這些貌似安全的錢，隨著通貨膨脹的高漲，難免會貶值，喪失原有的購買力。

風險也意味著財富

投資環境千變萬化，複雜難測，惟一不變的就是「變」。有些外在因素（如利率、匯率、通貨膨脹率、景氣指數等）是經常變化的，只是不知道會如何變化。另外還有些突發情況（如戰爭、政治局勢、天災等），也是無法控制的變數。想在變幻莫測的投資世界做好投資理財，最重要的是不要埋怨變化，而是視變化為必然，事先做好各種變化之準備，甚至應該期待變化。

因為只有變化，才可能產生財富重新分配。變化是威脅，也是機會，善於理財者往往能從變化中得利。

一般人總認為投資家喜歡冒險，其實不然。只是成功的投資家皆具有獨特的冒險本領，他們絕非是將「冒險」視為樂趣，也並不因為冒險的行動而感到刺激、興奮。他們冒險完全是為了獲得高投資報酬，因為有高報酬的投資皆具有高風險，因此，冒險是理財致富無法避免的過程。

許多人認為投資股票是極冒險之事，投資股票的人都是風險愛好者。事實上，投資股票並非愛好冒險，而是看中了股票的回報。為了致富，你必須冒險將錢投資

到高報酬率的標的上，並承擔它所伴隨的風險。

投資股票、房地產，就是因爲有變化、有風險，才具有高投資報酬率。多數人對投資股票與房地產望而卻步，主要原因就是多數人怕遭到損失，對未來的不確定感到恐懼，或不能適應價格之漲跌。事實上，價格短期漲跌是很正常的事，也正凸顯高報酬的投資標的其高風險的特性。因此爲了獲取高報酬，必須富有冒險精神，必須能忍受巨幅變化。

投資標的不同，它們帶來的投資風險和報酬也存在很大的區別。

另外，投資專家也常把各種投資工具的風險高低和報酬優劣，做金字塔形區分。越接近金字塔的底層，風險越低，但獲利也越小；相對的，越靠近塔尖，風險越高，但獲利也越大。

投資理財要適時而動

你害怕冒險嗎？如果是，你並不孤獨。因爲大部分的人都害怕冒險，世界上只有極少數的人是天生的冒險家。但是，爲什麼有些人在面對風險時卻又悠然自若，而且能經由冒險而成功呢？原因是這些人深知「不入虎穴，焉得虎子」、「不冒高風險，焉能投資致富」的道理。的確，正確的風險觀應該是：「去冒值得冒的險，然後再設法降低風險。」成功的投資家是以「致富」爲冒險背後的眞正動力，儘管必須準備承受價格波動起伏的壓力，但只要期望報酬高，有風險溢酬，冒險終會獲得成功的。

每個人承受風險的限度都不一樣，這與個人的條件和個性很有關係。一個人必須主觀上願意承擔風險，客觀情勢也能讓他承受風險時，風險才不會對他造成傷害。任何人在承受風險時，都有一定的限度，超過了限度，風險就變成了一種負擔，可能會對他們的情緒或心理造成傷害。因爲過度的風險會帶來憂慮，憂慮則會影響到他們生活的各個層面，包括健康、工作、家庭生活、交友等。

每次要投資時，務必先瞭解可能遭遇的風險，並對每個可能發生的狀況作出評

估，預先設想應變方案。分析盲目冒險的成分有多大，預估成功的機率有多少，且在過程中，需不斷地重新評估。作者建議投資人，在從事任何投資前，最好列出一張風險報酬評估表，將所有的因素加以衡量，比如最壞的情況發生時，自己是否能夠承受，而此投資標的報酬是否理想？等等。

凡事必須做最壞的打算，也做最好的準備。投資理財更應該如此。在進行任何投資前，無論你有多大的把握，都應思考一下：「未來最壞的情況可能是什麼？」然後再問：「最壞的情況發生時，我能不能承擔？」如果答案是肯定的，那麼只要投資的預期報酬夠高，就應投資。如果最壞的情況發生時，是我們所無法承擔的，那麼報酬不管多麼迷人，也應斷然拒絕投資。

成功一定要冒險，但冒險不一定成功。冒險一定要冒對的風險。何謂對的風險，就是長期平均而言，具有高報酬的風險。有些人的問題不是缺乏冒險精神，而是冒了不該冒的險。

他們不知道冒什麼樣的險才能投資致富。長期平均而言，股票、房地產是具有高期望報酬的投資標的，因此要冒正確的風險，便是將資金投資在高報酬的投資標的上，並勇於承擔其所伴隨的高風險。

有一種遊戲，參加者必須出一百元，遊戲的結果是：有99.9%的機率你會損失一百元，有0.1%的機率你可以獲得九萬五千元。那麼，你會不會參加這種遊戲呢？經過調查，65%以上的學生會選擇玩這種高風險的遊戲。理由很簡單，因爲這個遊戲風險固然很高，但就算輸了，頂多損失一百元；若贏了，就可得到九萬五千元的高報酬。這項遊戲，其期望報酬率爲負值，就算你贏一次，但是長期玩下來，你必輸無疑，這是典型的不值得冒的風險。

你若有機會造訪美國的大西洋城等地的賭城，或者是著名的澳門賭城，你將會發現，豪華的賭廳竟然看不見窗戶，也沒有時鐘。爲什麼呢？這就是賭場要利用「大數法則」贏你的錢。沒有鐘也沒有窗戶的目的，是想讓你分不清晝夜，玩到忘記了時間。因爲你玩得愈久，玩的次數越多，你輸錢的機率就愈大。玩的次數增多，會使期望值逐漸現身。

賭之所以必輸，原因就是賭博的期望值爲負值。少數幾次看不出來，但經過較長的時間後，期望值逐漸呈現出來，因此賭久了，必輸無疑。這就是爲什麼「十賭九輸」、「久賭必輸」的原因，這與「大數法則」的原理不謀而合。

所謂的「大數法則」，是指遊戲的次數愈多，報酬率愈接近該遊戲的期望值。

賭博也許可以成爲一種娛樂方式，但絕對贏不了錢，因爲它平均期望報酬率比銀行存款還低。的確，賭博的最高可能報酬非常驚人，但是它的平均期望報酬率都是負值，冒這種風險，不但無法致富，反而有害。

沒有高報酬的風險千萬不要冒，例如外匯保證金交易、債券保證金交易、六合彩、彩券、賭博等，這都是高風險、低報酬的活動。你可以抱著娛樂的心態去從事以上的遊戲，但千萬不要妄想這些遊戲能夠爲你帶來財富。這些投機活動並非眞正高報酬的投資工具，但絕對是高風險的活動，這種風險不值得去冒。

對待風險要行動而不是等待

許多人無法承認時機眞的是多麼重要，不過不是我們平常所認爲的那種時機——抓對股票市場或房地產循環的時機——而是內在持續的計算。你得知道何時應該下注，何時應該按兵不對，何時應該作罷或全盤放棄。

通常，在賺錢的冒險中你可能做出最糟（至少最不必要）的一件事，就是在錯誤的時機冒了重大的風險。或者，在冒險的另一頭，在絕對適合擴張的時候卻過度保守。

有時候，最好的辦法就是按兵不動，要有耐心，什麼都不做，只要守住。當然了，其他時候，很重要的或至少合適的是擴張、成長、向前進。偶爾你處對了「區」，你所碰觸的一切，你所做的每個決定，似乎都點石成金，或者將你帶往肯定的方向。其他時候，我們可以節省下一大筆財富，或是一大堆精力，只要現在願意忍受一點損失作罷，而非以後賠光一切。

驚人的是，只要安靜下來傾聽「內在的聲音」，問題常常就能迎刃而解，新的機會也可以浮現，因爲我們知道該採取什麼舉動（如果有的話）。靜下心來，讓我們不再盲動，仔細觀察，認真分析，才懂得怎樣對自己比較有利。

智慧就是知道何時應該做什麼。這是保持彈性，願意改變、流通。這聽起來雖然淺而易見，然而太多人卻因爲種種原因而做了錯誤的抉擇。因此，他們慣性不改，不願意考慮新的思考方法——「我都是這麼做的」或「我不能關閉這家公司，我們已經在這兒經營兩代了」。

有時候，不回一個電話可能會讓你損失一份事業，一樁大生意，或一大筆錢。而也有時，避免回一個電話又可能是個好主意。秘訣是，行動應該出於智慧，而非出於習慣性的反應。

提高報酬，降低風險

投資理財有個八字要訣：「提高報酬，降低風險。」提高報酬最簡單的方法，就是將資產投資於高報酬的工具，如股票、房地產。但是高報酬的投資都具有高風險，例如股票、房價時漲時跌，有的投資會賺錢，有的投資會賠錢，因此投資人若想獲取更高報酬，就必須承擔其所伴隨的風險。但是這些風險，畢竟是大多數人所不喜歡的。

正確的理財觀念應該是：不要因爲有風險或你不喜歡這些風險而不投資，爲了獲取高報酬，即使投資具有上述的這些風險，仍應冒險投資，投資之後再設法降低風險、駕馭風險，減低或消除風險的殺傷力。

因此，降低風險、避免損失與提高報酬、創造財富，對成功的理財而言，是同等重要。駕馭風險更是理財成功的基礎。駕馭風險也就是管理風險，即最主要目標就是設法在提高投資報酬的情況下，能降低損失的風險。

投資高報酬會面臨三種主要的風險：① 選錯投資標的；② 選錯投資時機；③ 選錯賣出時機。

那麼，如何降低這些風險？大家一定知道這句話，「不要將所有的雞蛋放在同一個籃子裡」。它的寓意正是降低風險最有效且也是最被廣泛採納的方法，即「分散投資」的方法。

能創富，還需要會消費

很多年輕人做生意時，往往不屑一顧中國傳統中的節約觀，認爲那一套太小家子氣，成不了大器。我們不能完全否認這一點。現在時代進步了，人們的生活水平大大提高了，那種「新三年、舊三年，縫縫補補又三年」的辦法，就是居家度日也未必能用上，怎麼能拿來做生意呢？

無論做什麼生意，必要的開支是免不了的。常言道「小財不出，大財不入」，就是此理。如果一毛不拔、該花的不花，就會因小失大，什麼也做不成。

但是，怎樣分辨什麼是必要的開支，什麼是浪費的開支呢？這首先得從你生意的實際情況來看。就拿生意場上許多人擺闊買豪華車來說，如果你生意需要，買車當然是必要的，如果並沒有很大需要，買個車要花錢，請司機，車子保養要花錢，你又何苦來著？要知道你辛辛苦苦賺來的錢是不能亂花的。

華倫·巴菲特是當今全球首富之一，他的秘訣，就是善於投資。和美國其他小孩一樣，他也是從送報生開始做起的，但是，他比別人更早懂得金錢的未來價值，所以，他珍惜得之不易的每分錢。比如當他看到店裡賣的五百元一台的電視機時，他看到的不是眼前的五百元價格，而是十年後五百元的未來價值。因此，他會選擇把錢拿來做投資，而不是買電視機。這樣的想法，使他不會隨意花錢去購買不必要的物品。

會不會開支，是判斷生意人是不是精明的標準之一。有些人一味吝嗇，該花錢的時候不花，本來要開支一千元的，總想省點錢用八百元對付過去，結果最終錢沒少花，還給人不好的印象，在生意上因小失大。一些精明的生意人，該開支的，大大方方拿出來，絕不含糊，顯得慷慨大方，錢花得有效果，而且也給人有氣派的好印象。對於不該花的錢，他絕對是鐵公雞一個，一毛不拔。這才是能有大作爲的生意人。

古人曰：「小富在儉，大富在天。」意思是小富在於靠勤儉節約，大富在於把握機運。在通常的情況下，只有小富了，才能大富，否則你即使機運再好，也往往會因爲沒有起步資金，眼睜睜看著發財機會擦身而過。在現實當中，即使是大富鉅富，我們會發現，他們和他們的公司也非常注意節約，杜絕不必要的開支。

松下電器如今風靡全球，它的前身是做什麼的呢？誰想得到它是靠製造和銷售雙頭插座而發展起來的呢？這都是松下專心致志、勤奮工作、千方百計努力降低成本，以及不斷發明創新、立志向上的心血結晶。

公司創業初期，只有二十來名從業人員，松下親自去東京推銷雙頭插座，然而到後來，單靠自己偶爾去東京已經不夠了，所以他派十七歲的井植歲男（日後的三洋電機老闆）常駐東京。因爲沒有充裕的時間來籌建辦公室，井植歲男只好暫住別人家中，他在早稻田附近的學生宿舍落了腳。此後每天大清早就往東京市內跑，有訂單馬上就向大阪彙報。井植借住了學生宿舍，一到夏天，蚊子就多起來了。

於是他買了一床三日元多的蔴製蚊帳，向大阪彙報後，卻收到了松下嚴厲的批評信：想想現在的松下電器具製造所和你的身分，我不管是什麼理由，用三日元買一個蚊帳是奢侈的，一日元左右的棉蚊帳就應該足夠了，這些不必要的開支是絕對不允許的！

這雖然是後來的松下電器老闆與三洋電機老闆，兩個人年輕時交往的一段有趣插曲。但從中卻能眞切地呈現出松下在創業中的那種嚴格、勤儉與樸素的風格。一個艱辛創業的人應有的品格，便從這一日元的棉蚊帳裡看出來了。

第六章 PART 6

躋身百萬富豪

富人式的投資是按計劃進行的，是安全穩妥、舒適寬裕的。

百萬富豪的方法

湯瑪斯．斯坦雷和威廉．丹科都是擁有博士頭銜的市場調查問題專家。經過二十多年的研究，他們最近出版了一本具有轟動效應的暢銷書——《百萬富豪離你不遠》。這本書在出版後數十周內，一直排在《紐約時報》和《商業週刊》等暢銷書排行榜的前列。該書所描寫的當代美國百萬富豪的一般形象，與我們在大多數媒體中所見到的，以及我們所想像的大爲不同。

他們多半生活儉樸，和常人沒有什麼兩樣，只是他們在致富的過程中，注意到了一些常人忽視了的東西，以該書的主要作者斯坦雷爲例，他就屬於這樣一類的新時代的百萬富豪。儘管這本暢銷書的平裝版版權費就爲他創造了一百多萬美元的財富，但是這位百萬富翁仍然居住在他那個一九八二年建造的房屋裏，過著十分儉樸的生活。

以下是斯坦雷在接受《美國新聞與世界報導》週刊採訪時，就美國百萬富豪的成功之道所發表的精彩言論。

百萬富豪是怎樣走上致富之道的呢？

收入完全不同於財富。對此，我們必須瞭解，當今的富豪們大多收入豐厚，但是更重要的是，他們注意累積財富，杜絕隨意揮霍。他們當中的多數人，生活在他們所能夠承受的生活水平之下。我們調查過的百萬富豪的年平均收入爲十三萬多美元，可是絕大多數每年花費都不超過十萬美元。在美國，百萬富豪的年均花費在六萬到十萬美元之間。

百萬富豪的一般生活方式是怎樣的呢？

平常人也許難以置信，許多百萬富豪的生活方式非常儉樸，甚至比普通家庭更儉樸。我認識的一個富豪，其家產在二千五百萬美元以上，他從來沒有買過一輛新車。他們有四個孩子，但他卻只有一間三房的屋子。他的兩個兒子睡的是上下鋪，而他自己則駕駛著一輛有了五年歷史的老轎車。這對於一般的美國人來說都是不可想像的。我認識的另一位富豪是一個五十多歲的醫生。自從醫學院畢業以來，他總共才駕駛過兩輛車，他的第一輛車行駛了近三十萬公里，然後才在六年前買了他的第二輛二手車。還有一位富豪從來沒有在外面吃過飯，他的妻子爲他準備午餐，他自己用一個牛皮紙袋將便當帶到公司裏去吃，三十年過去了，他的節儉生活爲他省下了不少金錢。

節儉的生活方式真的就那麼有意義嗎？

——節儉的財務計畫絕對不是沒有意義的。我們研究過的那些富豪們，可以在無任何收入的情況下，平均維持其生活十六年。有一個買賣和租賃建築設備的富豪告訴我，當他看到那些與他談生意的主管們時，他想到要是這些主管們的孩子被人綁架，他們甚至拿不出一萬美元去贖回自己的孩子，可見那些人財務狀況是何等的糟糕。

這兒還有另外一個故事，告訴我們財務計劃具有何等的重要性。我曾經與一個非百萬富豪的人交談過。他，年紀在五十歲左右，是一個大型公司的中層管理者，耶誕節前的一個星期被告知，他要在耶誕節的頭一天到丹佛市的分公司報到。他如果有足夠的積蓄，就可以拒絕這種不愉快的安排，因爲他有三個孩子，現在都在同一所學校讀書，他的太太更是喜愛他們所生活的社區，但是因爲積蓄有限，他們的存款僅僅只有三個月的工資，最後不得不搬去了他們全家都不願意去的地方。眞正的百萬富翁是絕對不會出現這種情況的。

妨礙財富累積的最大天敵是什麼？

——在不必要的開支上浪費，比如在衣物、外出用餐等無實用價值的方面上花費過多。

如果你是一位醫生、律師、會計師或管理碩士者，你總會覺得自己理當生活在一定水平之上——有一個與你身分相符的居住環境，有一輛價值不菲的轎車等。我們就曾經拜訪過這樣的一位人物，他擁有許多套價值在二千美元以上的西裝。我私下問我自己，在他走出服裝店之後，這些每套二千美元的西裝還值多少錢呢？我還認識一個年輕的股票經紀人，他年收入爲八萬美元，他想買一幢豪華的別墅，我看過他的帳單，他要購買的東西的價值，正好是在銀行能夠貸款給他的最大限額邊緣。我向他談起了我認識的另一對職業夫婦，他們的年收入也在八萬美元之上，但是，他們卻搭巴士去單位，視加班工作爲家常便飯。

是不是有了一個經紀人的職業和一個工商管理碩士的學歷，就意味著必須享受奢華的生活呢？其實不是的。美國半數以上的百萬富豪，住在中產階級、藍領階層集中的地方或鄉村地區，就像我們曾經採訪過的一個富豪那樣，當我們走進他家時，我們無法從他的衣櫥裡找到一套西裝，這讓我們感到無比的驚訝。他穿著一條破舊的牛仔褲，駕駛著一輛十年以上的二手車；他的一些高中同學，現在卻住著豪宅、駕著豪華車、送孩子上私立學校，對此這位先生告訴我們，他的這些同學並沒

有積存什麼財富，他用了這樣一句話形容他們：「有名無實」。

眞正的富翁們大多是非常節儉的，正好與那些大手大腳亂花錢財、卻並沒有多少積蓄的人形成有趣的對比。大量事實都證明了大手大腳亂花錢的人是很少能富起來，即使僥倖富起來了，也很難保持，最終也會破敗下去。

信用消費量入為出

信用消費俗稱借錢消費，它是指消費者憑個人信用在購買商品時，只需支付一定比例的款項，即可滿足消費願望，剩下的錢日後分期償還。它一般適用於購買大宗、高級耐用消費品，如住房、汽車等。由於信用消費既能幫助消費者在支付能力不足的情況下，實現消費願望，又能刺激生產，帶動國家經濟的發展，信用消費的應用將會越來越普遍。

然而，信用消費並非人們想像的「購買——消費——享受——還錢」那麼一個簡單的程序，若計畫不當，消費者就會處於「前鬆後緊」、「入不敷出」的生活窘境。那麼，該如何合理使用信用消費呢？

前提是要確保自己在信用消費期內，具有穩定的經濟來源。中國人的傳統消費觀念是「量入爲出」，有了一定的積蓄後，再購買大件耐用消費品，不贊成「寅吃卯糧」的提前消費行爲。而信用消費則支持讓消費者「寅吃卯糧」。對此，消費者個人在信用消費期內，必須有穩定的經濟來源，否則很難保證按期償還欠款，以致造成信用危機。在今天大多數人職業較穩定、預期收入較有把握的情況下，分期付

款購買雖屬「寅吃卯糧」，但實際上仍是「量入爲出」，只不過是量「未來」的「入」爲「今天」的「出」而已，只要不是入不敷出，就沒什麼可擔心的。

認真計算在信用消費形式下商品的價格。提前享受是有代價的，一般來說，商家的信用消費承諾不是無償的，分期付款的商品價格，通常要比付現交易的商品價格高。若消費者個人經濟條件不很優越，對某種商品不是急於消費，就應考慮放棄信用消費。

據調查，選擇分期付款這種購物方式的消費者，主要有兩類人：一類是急於購買某種商品，但短期又無法湊齊貨款的薪水階級；另一類是一些做生意的人，他們計算後覺得，儘管分期付款要支付一定的利息，但如將延期付款省下的錢款用於做生意及各種投資，投資回報率通常都會大於利率水準，這也有利於活絡資金。

由此可見，合理使用信用消費會有雙重的好處，實現了提前消費，改善了生活品質；又可以將由此調節出來的資金，投往收益回報更大的地方。因此，我們需要懂得如何用邊際原理指導理財。成功的家庭理財不僅在於「增收」，還在於「節支」。經濟學中的「邊際原理」，可以幫助您管理好家庭支出。

消費商品是爲了滿足某種需要，經濟學家稱這種需要的滿足爲「效用」。效用

總是和資源的稀缺性聯結在一起的。同樣一杯水，大多時候微不足道，在沙漠中卻意味著生命，同樣一千元，對很多普通工人來說，是全部的生活來源，而對於老闆族來說，恐怕不過是一頓簡單的便飯。

「邊際效用遞減原理」是指消費而言，人們對已有物品的消費越多，每增加一個單位，消費所能提供的效用越少。在日常家庭理財中，運用「邊際原理」指導家庭支出，應把握以下原則。

第一，支出有計劃。

現實中，不少家庭往往是該花的錢花，不該花的錢也花，能少花的多花，結果將大量金錢花在不必要的開支上。尤其是對於家庭打算購買的大件商品和大筆開銷，應該提前計畫，什麼季節買最划算，買什麼標準的既經濟又實惠。這樣，有了一定的目標和計畫，便可以有目的地到市場上瞭解行情，進行對比，讓有限的資金發揮最大的作用。

第二，有錢不買閒。

從邊際原理中可以看出，閒置的消費不僅沒有實用價值，而且可能產生負作用。商品買回家不經常用，就意味著浪費，因此，不能衝動地因爲流行、降價而買回實際並不適合的商品，正所謂「有錢不買半年閒」。

第三，不比較，求實用。

現在商品的升級換代速度越來越快，時尚潮流日新月異，讓人目不暇接。從錄影機到VCD再到DVD，人們不斷地淘汰更新，也不知浪費了多少錢。所以消費觀念應以稀缺消費爲前提，缺什麼才花什麼，立足在適用、耐用和實用上，攀比趕時髦，既浪費了原來的，又增加了新的支出。

選擇正確的消費方式

如何消費才有好的心情呢？

第一，花錢花得心甘情願。

不做浪費型的人，但花錢要花得心甘情願，有樂趣。

很多人在加薪後，都認爲將可迅速地存下一筆「鉅款」。事實上，存款與工資多少不見得成正比，能否存得鉅款，更大程度取決於個人的性格。通常可區分爲兩種類型，一種是善於存款的黏著型；另一種則是不善於存款的躁鬱型。

黏著型的人通常是屬於固執保守派。這種人對金錢非常重視，無論何時何地他口袋有多少錢，他都能一點也不差地說出來。他的薪水也許不多，但存款卻驚人。他們是屬於「不怕一萬，只怕萬一」的人，而且經常帶些神經質，疑神疑鬼，平常是能省則省，不能完全享受金錢所帶來的樂趣。

躁鬱型的人則是屬於及時行樂派的浪費型。或許是心理上的問題，他們常有些自暴自棄的行爲，以掩飾內心的不安。此類型的人薪水再多，也不會有太多存款。

凡事抱著「船到橋頭自然直」的態度，到時候再說。

以上兩種人都不足取，黏著型的人雖有存款，但無法享受到花錢的樂趣，躁鬱型的又過於浪費，我們花錢要花得心甘情願，花出樂趣來。

每個人選擇禮品時，經常在無意識中加入自己的喜好，即便是價格頗爲高昂，也會產生這也是自己所喜愛的這種心理，不在乎其價格的高低。

然而，事實上，無論自己對於某件事物的喜好程度如何高、評價如何好，均無法保證受禮者眞正喜歡，有時反而會得到相反的效果。因此，自我式的禮物本身，就帶有把自我一部分強迫地推予他人的色彩，從而去支配對方回禮時的選擇性，這已失去送禮的原意，只有贈送對方所需要的物品，並且能眞正表達自己的誠意，才是眞正送禮的藝術。

此外，還有一種情況。一般人在獲得意外之財時，往往會深感不安，只想花光而後快。任何人都會希望自己是大富翁，能夠過富裕優越的生活，但是，當眞正意外或幸運地獲得一筆與自己生活水準差別甚大的錢財時，卻往往會驚慌失措、終日忐忑不安。

從社會上的許多例子，我們可以明顯地看到，某些因地價暴漲而獲致高利的暴發戶，卻往往不知如何運用這些鉅款，有些人甚至終日酗酒、沉迷賭博。也有許多自幼即貧窮、困苦的孩子，一旦擁有了豪華洋房，卻無法適應。爲什麼會有這種現象呢？主要由於突如其來的新狀況與自我認知相衝突所導致。一個人的生活形態，一定深受過去生活模式的影響，一旦超出這種模式太遠，個體即無法配合，因而產生了種種無法適應的狀況。

所謂「來得容易，去得快」，非分之財總是很難留住。但是，此時若能冷靜地加以思考，即可把這份意外之財做最妥善的運用。

如何才能消費得有價值呢？一個謙虛有禮的客人，往往能以最小的金額換取最大的依賴感。在請客與被請的交際過程中，被請的人如果謙虛有禮，能以不好意思之類的客氣話致謝，而非一副受之無愧的態度，相信必將獲得請客者極度的好感。

當兩位朋友一同出席某企業公司董事的宴會，宴會結束後，其中一位朋友連連向這位董事長道謝，並說老是接受您的招待，眞是不好意思，下次一定要讓他回請。一般來說，因爲不論身分、地位，他都是處於較低的階層，在接受長輩邀約時，只要表示謝意即可，不必大費周章地回請。然而，這卻正是他受這些老前輩喜愛的地方。

當然，老前輩請年輕人吃飯，上司請下屬消費，並不致認爲是負擔，但因目前社會上大部分的年輕人存著理所當然的處世概念，一旦有人打破它，自然心存好感。相反地，若因常常被請客，不用自己花錢而沾沾自喜，則必被視爲貪小便宜的人。

優越感若得到滿足，即不會在意金錢上的損失。

許多經常捐款的公司、團體或個人，在捐款都會遇到相同的困擾，那就是到底該捐多少錢？總是爲了金額的多寡猶豫不決。通常都會先詢問別人捐多少，加以比較斟酌來確定自己的金額。被詢問者多半回答差不多啦，然而，這個答案往往不能滿足詢問者。詢問比較的目的，就是爲了找一個大家都認同的標準金額，以免除被批吝嗇的尷尬。

爲此，許多人都不願第一個捐款，深怕無法確定捐款的標準。另一方面，還可解釋作不服輸的精神，他人能捐一萬，我總不能只捐五千。往往這種比較意識都很強烈。對募款者而言，對這種情形自然很滿意。因此，捐款登記簿上頭一個名字，必定是捐款最高額者，這也是巧妙地運用人類的競爭心理，提高捐款金額所作的心理戰術。

這種心理戰術是隨處可見的，不僅在捐款上如此，購買衣服時，爲了使顧客很快且自願地付款，店員常在顧客選購物品時給予讚美：你一眼就看中這件，眼光眞好！既適合你又能表現氣質，顧客原本打算討價還價的話，便不好意思說出口，並且高高興興地付款。這是由於店員使顧客的優越感得到滿足，便不會太在意金錢上的損失。

第二，花錢要花得心花怒放。

被人稱善於使用金錢時，便好似稱讚自己人格高尚一般地喜悅。

大多數人都不喜歡被人稱爲吝嗇鬼、一毛不拔，因爲被人稱爲小氣鬼和鐵公雞，是非常沒面子的事情。因此，經常有打腫臉充胖子的人出現，即使是死要面子、活受罪，也不能沒面子。從以上這兩種人之間的差異，我們可以說：是否能成爲一位富翁，就在於你是否能接受小氣、吝嗇的稱號了。

個人在使用金錢方面，常會受到大家注意。本來，每個人處理金錢的方式與他人並不相干，純屬個人自由。然而，他人的評語卻會帶來強烈的震撼。

原因何在？歸納結果才發現：用錢的方式反映了個人的判斷能力。另一方面，

人的欲望也與理財方式有關，如果自己的理財方式被批評，就像將自我欲望在他人面前展露一般，會非常地惱怒。由這些例子，可知任意地批評他人理財無方，無異於傷害別人自尊，甚至破壞他人聲譽，應當儘量予以避免。

沒有一個人會對讚美之辭無動於衷，即使明知道只是奉承諂媚的話，也會讓人覺得愉快。因此就算是一毛不拔的鐵公雞，在眾人的鼓舞下，偶爾也會大方請客的。

第三，花錢別花得憂心忡忡。

大多數人擁有花錢的自由時，反而無法眞正隨心所欲地消費。

日本有一家自由上下班、自由取用公款做事的永穀元公司。這個公司的職員可在兩年的期間內不做任何事，只須找出開發新產品的創意，不管是旅行國外或做其他事情，都可任意使用公款。許多人都對這種上班制度大爲羨慕。

但實際上這種公司的職員卻感受到了格外大的壓力。因爲人在天性上即具有責任感，而且堅信天下沒有白吃的午餐的理念，於是，不須準時上下班、可自由取用公款做事的職員，反而比一般人打卡更準時，同時更不會濫用金錢。

許多母親都對孩子不喜歡念書感到苦惱，經常詢問教育諮詢中心該如何是好，此時，最好不要再說要「用功讀書、不讀書成不了大器」之類的話，可試著採取自由的態度，孩子反而會因害怕不受重視而自動自發地讀書。劉先生即是利用類似的心理戰術，改正了太太浪費的壞習慣。他們剛結婚時，家計支出全由劉先生管理，由於太太是大小姐脾氣，動輒花費鉅款購買物品。劉先生乾脆就將家計轉由太太全權處理，她感覺到持家艱難、責任重大，揮霍的壞習慣便輕而易舉地解決了。

好像大多數人都是見到便宜就買，果眞如此嗎？事實上不然。有些人買到價錢過於便宜的東西，心中反而感到不安。

鬧區裏有兩家酒吧對門營業，因此一場熱烈的競爭就展開了。降價促銷自然是最迅速、最有效的攻勢，其中一家以八折爲號召，另一家即標榜七五折；這家買大送小，那家也不甘示弱地買一送一；如此惡性循環下去，原本一瓶八十元的啤酒及一盤三十元的小菜，此時卻只要十元便可享用，眞是名符其實的犧牲了。

也許有人會認爲，這兩家酒吧必定是高朋滿座，事實上，情況卻恰恰相反。在剛開始時的確吸引了顧客上門；慢慢地便產生了負面效果。原因何在？顧客原本都有貪小便宜的習慣，但對於低於意料中很多的價格卻無法接受，因爲太便宜反讓人

有不信任的感覺，似乎啤酒摻水或是服務不周等不安油然而生，反而希望能付合理的費用，以享受應得的服務品質。消費者在購物時，是有一定準備的，自己在內心中先做一番估算，如果價格與自己推測的相去不遠，便會購買；若高於自己的估價，則不易產生購買欲望；反之，若低於太多的價格，也是無法被接受的。

我們在購買高價物品時，常特別依賴他人的判斷。

許多人經常在購買昂貴物品或要支付鉅款時猶豫不決，不敢貿然行事，也不知是小氣的緣故，還是出於愼重，常因不能當機立斷而錯失許多機會。但也有大方支付鉅款投資的情形，比如，如果是一家頗負盛名、規模很大的公司，來勸你購買時下最熱門、遠景最看好的某某會員證（而且是由幾個大企業家投資興建的）之時，你有可能只略看過宣傳單及簡介即買了下來。

如果必須支付鉅款時，人們大多比較依賴別人的意見，這種傾向非常高，因爲購買高價位物品，時常會發生是否正確、會不會被騙等不安心理。若參考他人的意見，則可減少擔心，且可將責任分攤給他人，以求在失敗時可推卸部分責任，求得心理安慰。而且，尋求值得依賴的人或可靠的人推薦物品，心理上也覺得較能接納。廣告界就經常利用此種心理，特意去找影視明星拍廣告，效果確實不錯。

初入社會的年輕人，對於手中的錢財，常會停留在學生時期有多少花多少，想買什麼就買什麼的階段，甚至因爲可以利用銀行借貸，而隨意擴張信用，造成負債累累，入不敷出的窘境。因此如何「開源」、「節流」以及正確評估投資風險非常重要。

首要的是，應避免在理財時犯下面三種錯誤。

1. 擁戴名牌。名牌產品雖然很吸引人，不過卻要付出不小的代價，想買，還是等身價提高時再考慮。

2. 買車背車債。汽車只會折舊不會增值，辦貸款還要付高額利息，從理財角度衡量實在很不聰明。

3. 借錢投資。你才剛進入投資市場，還是一個投資新手，借錢投資可能讓你未賺錢先賠錢。千萬記住：此招乃投資中的一大忌，不碰爲妙。

年輕人越早開始儲蓄投資，存的金額越多，就越容易提早幫自己累積到一筆資產，同時，最好採取如定期儲蓄、定時定額基金之類的強迫投資法，以使自己有效地提高財富水平。初入社會的年輕人在理財時，也因爲求學時對金融市場上的投資工具接觸較少，常不知如何適當搭配，而錯失獲得較高報酬的機會，因此提供以下幾種年輕人可以選擇的理財方式：

1. 某些透過接觸、學習能夠熟悉的投資項目；
2. 某些簡單易於操作的投資工具；
3. 投資自己；
4. 選擇一份具有前瞻性的工作；
5. 綜合存款帳戶；
6. 能維持一～二個月的生活費即可；
7. 強迫儲蓄投資；
8. 定期定額投資基金；
9. 保險；
10. 壽險與意外險；
11. 年終獎金；
12. 單筆投資績優股票或基金。

當然，各種投資工具都有投資風險，而且風險性和獲利性往往是成正比的。

根據理財專家針對各個年齡層所做的風險承受度的分析結果，得出：「可承擔風險比重＝（100—目前年齡）÷100」。此一公式，可作投資時的參考，也就是說，如果你的年齡是二十三歲，依公式計算，你可承擔風險比重是77％，代表你可以將閒置資產中77％，投入風險較高的積極型投資（如股票），剩餘的23％做保守型的投資操作（如定存）。

記住，年輕人拿多少閒錢去投資，有如下公式可算：

可承擔風險比重＝（100—目前年齡）％

試著節省生活費用

從表面上看來，建議你節省一年或幾年生活費，似乎跟這本書的訊息——不要憂慮——恰好相反。畢竟，節省是爲了預防萬一，豈不也是建築在憂慮和恐懼上嗎？這全看你怎麼想。

有一位超級成功的財經專家解釋，他曾經在致富前，爲自己做過的最重要一件事，就是存下兩年的生活費。雖然，這需要極大的犧牲、紀律、辛勤工作和耐心——他足足花了五年才存下這麼多錢——卻回收到莫大的紅利，尤其是在心理方面。基本上，這麼做給了他極大的安心，如果沒有這項財經保障，他很難得到他所需要的冒險自由，如果不是完全不可能的話。道理很簡單，省下幾年生活費，讓他免去了憂慮，可以追求夢想和有趣的機會。

有一個故事，講一個男人在一九七〇年代早期，在一家電腦公司得到一份工作。由於他施行了儲存足夠的積蓄策略，所以可以毫無所懼地接受這份工作，包括相當少的基本薪水和一大堆公司股票，以及自由買賣指定股票的權利。他沒有任何顧慮。如果這項冒險成功了，那就太棒了。如果沒成功，至少也是一個寶貴的經驗。不過，這個人並非這項工作的第一人選。別人才是第一人選。可是那個人沒有任何積蓄。他極度聰明又有才氣，還有一份高薪。

可是，就像大多數人，他的生活完全仰賴薪水支票。他有一大筆房屋貸款，他和他的妻子都開豪華的車子，他們喜歡精緻的餐廳，四個小孩都上私立學校。他們花掉了大部分的收入。

雖然這份工作機會聽起來好像是他這一生中最好的機會，他還是決定婉拒——太冒險了！他太擔心了。事後回想起來，他說：「如果我早年有足夠存錢的話，我就沒有後顧之憂。我肯定會接受那份工作。」

長話短說，接受這份風險的那個人，在十年內累積了巨大財富。他冒險的心理能力，把他變成了千萬富翁。另一個人，那個也想要這份工作可是太擔心的仁兄，至今六十好幾了，只好靠著退休金過日子。他的機會因憂慮而大大受限。

這個故事的教訓顯而易見。除非你極端幸運，想要創造財富，通常需要冒一些風險。不過，如果你絕對、徹底依賴一份安全、固定的薪水過日子，如果你害怕少了一個月的薪水就會恐慌，你必然錯過許多大好機會。

現在就開始節儉吧：減少假期；開一輛比較便宜的車、住比較便宜的房子、節

省衣物開銷；少進城去玩幾個晚上；還有許多奢侈品，甚至必需品——就可以換來銀行中的兩年生活費積蓄。驚人的是，當你的生計無須仰賴日復一日的努力時，你會更有創造力——適當的進取心，以及實驗新的或不尋常機會的意願。所以，從今天開始，就開始儲蓄未雨綢繆的生活基金。幾年後，你就可以花用它——或者送掉它。事實上，你大概可以隨心所欲做你想做的任何事。

謹慎購買全新的東西

買一樣全新的東西有點特別，不論是一輛新車，一件特殊的服裝，或者別的任何商品，買新東西總是好的。不幸的是，你要爲此付出一大筆錢。這個價錢就是所謂的「機會成本」。說的簡單一點，這就是你可以運用在別的地方的錢。

從購買的那一天算起，一切都變成「用過的」——因此，價值也減低了。在汽車業中，他們說新車自從你開出廠那一刻起，就不再「新」了。你是否曾經買過某樣全新的東西，卻決定不想要了，然後又試著把它賣掉？如果運氣好的話，你大概可以賣到一半的價錢。

想想買一輛全新的車子吧。假設你花五十萬買到一輛新車。從你開出車廠那一刻起，你就損失了許多所謂的價值，大約10%～15%，然後在你擁有它的期間，每個月繼續下降。

此外，你大概也要擔心每個月都要付的貸款，還清貸款大約要持續五年左右，甚至可能更長。這可是爲期六十個月要折舊相當大的價值。除了貸款之外，你還要擔心損壞、刮傷和清洗你的新寶貝，而且車子也可能會失竊。然後，還有保險、登

記以及維修要考慮。到頭來，你的新車就綁死了好多錢，或許還帶來了一大堆煩惱。

你的另一個選擇當然是買一輛二手車。記住，反正從你買了它那天起，它就變成「中古」的了。沒有任何東西可以新太久。二手車除了不必過度擔心失竊和損壞以外，它的頭期款、每月的貸款、營業稅、保險和登記費用也比較低。如果你頗有準則，想做一個無憂無慮的投資，你可以把省下來的錢，投資在一項行情上漲的資產上（應該很容易決定）。這樣一來，無須努力，你就保證可以每個月節省下好幾千好幾萬。在你的成年生活中，這種決定會重複出現，幫你存下一筆退休金。我們鼓勵你去計算精確的數字，如果你不曉得怎麼算，就找個懂得的人談談，你的機會成本將會讓你大吃一驚，甚至感到震驚！

家庭理財節儉的方法

花錢容易賺錢難。對於大多數普通老百姓來說，家裡的金融資產不多，即使投資到回報比較高的領域，獲利也不會很多，因此家庭中的金融資產增值有限，賺錢不容易。然而，我國正處在由計劃經濟向市場經濟接軌時期，能提供給人們的消費場所、消費品隨處可見，異常豐富，再加上廣告的誘惑煽動，如果我們不能保持清醒的頭腦，提高警惕，看緊自己的口袋，卻被大千世界的物欲所左右，即使給你一座金山，也會很快花掉。要增加家庭的金融資產，賺錢只是一個方面，減少消費則是另一個方面。賺錢不易，減少消費則大有潛力可發掘。

第一，杜絕有害性消費。

「花錢買享受」正成爲現代人的口頭禪。然而，現實生活中，並不是所有的人花錢能買到「享受」，不少的人是花錢買「罪受」，花錢買「難受」。有些人嗜酒如命，在酒上花掉了大量的金錢，喝得昏天黑地，喝得天旋地轉，喝得胃出了血，倘若不小心買了假酒，說不定連命都賠上。另外有些人抽煙抽得兇，每月吸煙的錢至

少是千元左右，對於一般薪水階級的家庭來說，這是一筆不少的開支，況且抽煙有害健康已是不爭的事實。

第二，減少浪費性開支。

有的人「大手大腳」，「粗心大意」慣了，不注意節儉，往往有意無意地增加了浪費性開支。如買菜總喜歡一次買很多，葷菜在冰箱裏放置的時間過長，往往變得不新鮮，有時甚至變質；蔬菜只要一兩天就會黃了。現代人嘴巴吃得又刁，因爲不新鮮就不願吃而丟進了垃圾箱。有的人做菜總愛做得很多，這頓吃不了，下頓又食之無味，只好將農民的汗水和自己的辛勞統統倒掉。特別是節慶假日，這種浪費就更加嚴重。以上所述不能完全避免，但只要注意一個「勤」字，留意一個「量」字，浪費是可以大大減少的。

第三，避免盲目性消費。

隨著市場經濟的發展，社會商品極其豐富，令人眼花瞭亂。在琳琅滿目的商品面前，我們應該保持清醒的頭腦，不要因一時衝動而使自己的消費行爲陷入盲目隨

意的泥沼，結果多花了不少冤枉錢。不理性消費主要呈現在下面幾種情況。

1. 趨眾性消費。不少人的消費行爲跟著潮流走，市場流行緊身褲，就穿緊身褲；市場流行某某口服液，就喝什麼口服液，全然不顧自己的實際。結果花了錢沒有穿出美，花了錢沒喝出健康。

2. 隨意性消費。逛市場正成爲都市人週休二日休閒的一種方式。一些人被五彩繽紛的商品弄得眼花繚亂，購物帶有很大的隨意性。一位家庭主婦近日在市場看中了一件裙子，買回家才發現差不多式樣的裙子家裡已有兩條，連呼吃虧。在購物前，我們應該根據家裏的實際情況，買什麼買多少都需要提前打算，不要無計畫購物，不要輕信商家而放棄自己的主張，不要感情衝動而沒有了理性。

3. 閒置性消費。「有錢不買半年閒」，然而一些人每當物價上漲時，受買漲不買跌的心理支配，紛紛去搶購商品。白米漲價時，就上百斤地往家裏搬，家裏一下子吃不完，一到夏天就容易發黴。服裝受時令的影響，每當換季就會降價銷售，一些追求實在的人，從換季購物中得到了實惠。對於高科技產品來說，功能日益齊全、完善，一些人不從自己的實際需要出發，盲目追求所謂的多功能，而使用不上的功能閒置，花大價錢最終買來的還是單功能、少功能。

4. 比較性消費。有些人不從自己的經濟狀況出發，愛顯「富」比「闊」，吃喝玩樂比闊氣，穿衣戴帽追求名牌。要知道名牌商品有其高的品德附加值，必然要打進商品成本，因此名牌商品的價格總要「高人一籌」，讓消費者多掏腰包。攀比消費的結果是爭了一時「面子」，多花了鈔票，減少了家庭金融資產的累積。

5. 家用品的頻繁變換。現代社會的經濟科技發展很快，先進的電器、傢俱等往往還沒有用舊就過時了。一些人喜新厭舊思想嚴重，忍不住要淘汰舊家電、舊傢俱等。雖然它們還有八成新，但只要當成舊物賣就值不了幾個錢，無疑這也是一筆不小的經濟損失。

6. 追求最新卓越的商品。任何商品的生產，都有從小批試賣到大批生產的過程，一些人喜歡追求最新技術的商品，如當液晶彩色電視剛問世，就迫不及待地購買。眾所周知，產品的質和量有一個成熟的過程，毫無疑問，剛問世的產品質和量問題會多些；另外批量越大，成本越低，對於小批生產的商品來說因爲成本高，價格自然就高。花大錢買來一個質量次等的商品，合不合算不言自明。

7. 迷信珠寶金器能保值。一些經濟並不寬裕的家庭，紛紛步入披金戴銀的行列，有些人甚至借錢置金。他們認爲披金戴銀既爭「面子」又保值，何樂而不爲。

卻不知，金銀首飾的價格是由材料、加工技術等因素決定的，一件款式過時的首飾的價格是不能與市場價相比的，即使市場價格呈上漲趨勢，也不見得就不貶值。

8. 熱衷人情消費。目前生日嫁娶的場面越來越大。究其原因，一方面是虛榮心作怪；另一方面是按目前請客送禮的行情，請客者似乎不吃虧，而且略有盈利。其實，禮尚往來，「禮」總是要還的，吃來吃去還不是吃自己，結果讓多少鈔票變成了溲水。

總之，對大部分家庭來說，賺錢的方法不會很多，財路有限，要保證家庭的穩定幸福，提高家庭抵禦風險的能力是最基本的要求。要達到這一點就必須量入爲出，精打細算，減少開支，看緊自己的口袋，在「節」字上下功夫。

第七章 PART 7
身邊的富翁是學習的榜樣

做一個追求財富的贏家，除了上面我們所提到的一些技巧和方法之外，我們還需要不斷地學習和超越自我，特別是身邊的富翁更是我們學習的榜樣。

向高財商者學習成功方法

成功的決心和熱情，並不能取代科學的方法。人人希望事半功倍，人人渴求少走冤枉路。你當然可以花幾年、十幾年，甚至窮畢生的精力和時間，自己慢慢地摸索成功之道，但那畢竟不是最好的方法。

要成功，你需要找到已經證明有效的成功道路。

已經證明有效的成功方法在哪裡？在成功人士那裏。因此，向成功的人學習成功的方法，是追求成功的捷徑。

首先，向成功的人學習成功的方法。可以肯定，這個方法是經過實踐檢驗的，是行得通的，是可操作的；其次，向成功的人學習成功的方法，就必須直接或間接與成功者爲伍，受他們的世界觀、思維方法的影響而積極上進。

IMF（國際貨幣基金組織）的機構經過調查後認爲，一個人失敗的原因，90%是因爲這個人的周邊親友、夥伴、同事、熟人都是些失敗和消極的人。沒有好的思想來引導激勵，沒有好的方法來指導成功，必然走下坡。因此，向成功的人學習成功的方法，不僅能成功，而且能早日成功。

當然，成功者的成功方法，可能是他們窮數年之功，歷經無數次失敗的經歷之後取得的。我們大可不必走他們的老路，而是要利用他們的經驗、原則。做成功者所做的事情，瞭解成功者的思維模式，並運用到自己身上。

任何一位成功者之所以在某一方面高人一籌、出類拔萃，一定有其與眾不同的方法。善於掌握很重要。

向成功的人學習成功的方法，其一，就是要向身邊耳聞目睹的成功人士學習；其二，就是學習「成功學」。

「成功學」於一九三〇年代正式成爲一門學科在美國提出。它的主要任務，就是總結前人的成功思想、成功經驗，運用多種學科，研究、揭示成功的規律，探索、提煉成功的方法。

富蘭克林、卡耐基、拿破崙・希爾是現代成功學的開山始祖和奠基人。全世界都曾掀起過「成功學」熱潮，出現過各種流派的成功學，但其源頭都源自上述三位偉人的理論。一九六〇年代，日本人別開生面，提出了自己的成功學，即「魔鬼訓練」。八〇年代至今，新的學科帶頭人，主要是波恩崔西、金克拉、安東尼・羅賓、克萊門・史東、約翰・麥克斯韋爾和柯維等人，他們對成功學都有著重要的研究、實踐和貢獻。

可是今天的企業界卻缺乏學習的精神，有勇有謀，惟獨少了謙卑的學習態度。只有像哈雷、愛默生電器、西屋、全錄和美國航空公司少數的公司，才體會出向同業學習的道理，其他的都要吃過競爭者的一番苦頭，才明白學習之道。

追求卓越就是追求完美，訂下完美的標準，然後再設法去超過這個標準，除非這樣，否則要在未來十年內成功並不容易。所有嘗試過這種做法的公司，都大幅度改善了產品及服務的品質和效益。

以開放的心胸和求教的態度，向這些老師學習。

永遠不要斷言你已經找到最好的老師，或是自以爲出類拔萃；換句話說，要不斷地尋求更好的方式。

強烈進取心的約伯斯

每年，《成功》雜誌都要刊載許多關於本年度最偉大的企業家，和東山再起的創業英雄的故事。這些故事有一個共通性：也就是在創業英雄整個奮鬥過程中，他們個人經歷了許多困難和挫折，但他們總是勇敢地面對這些困難和挫折，並克服掉一個又一個困難。史蒂夫．約伯斯便是這樣一個典型。

約伯斯是蘋果電腦公司的創始人之一，他開始蘋果電腦的開發，是源於這樣一個經營理念——想把電腦的使用放到普通百姓的手中。當約伯斯被迫退出蘋果公司時，他已經很富有了。那時，約伯斯有很充分的理由放棄再努力，但他沒有放棄，約伯斯又開始了新的事業，組建了內克斯特公司。內克斯特公司是其他電腦公司強大的競爭者，它根本無視電腦硬體工業中的那些殊死競爭，以自己的方式發展著。現在，內克斯特公司正不斷爲蘋果電腦提供作業系統，以幫助蘋果公司重新振興起來。

約伯斯還建了「皮克斯電視製片公司」，這又是約伯斯引人注目的大事件。該電影公司製作的《玩具總動員》，是一部偉大的電影。在「皮克斯」向世人公佈那

天，約伯斯總資產已超過了十二億美元。在約伯斯整個的奮鬥歷程中，他追求的是「累積資金，僱用最優秀的人」，向世界證明「皮克斯」是一個世界級的動畫片公司。同時，約伯斯又把「皮克斯」創造爲一個具有一流技術的電腦繪圖生產地，這在他創立「皮克斯」以前，就已經考慮到了。現在，約伯斯只是義無反顧地把設想變成了現實。從約伯斯的經歷中，我們可以看出，約伯斯的成功，是直接與他面對和克服逆境的能力密切相關的，而這對其他許多人來說是難以想像的，他們可能早早地就放棄了。

意志堅定的震雄集團總裁蔣震

一九七三年，中東爆發的石油危機，嚴重打擊了香港的各行各業，特別是塑膠業。當時，股票暴跌，物價飛漲，失業人數大增，小市民生活苦不堪言。

有一天，一位蓬頭垢面、油污滿手的五十歲男子，拖著疲乏的腳步，踏進旺角一個算命館。他明顯地受了很大的挫折，希望能獲得這位相士能指點迷津，得點鼓舞。誰知道，相士出口無情：「你的命運與富貴無緣。我看你還是安分地找一份工作，做個打工仔——你是不適宜自我創業的。」

換了另一個人，受了這種挫折之上的打擊，大多數會意志消沉，一蹶不振。但這位已經五十歲的落魄潦倒者，卻是一位不折不扣的與命運挑戰者，這位相士的話，反而激勵了他的鬥志。他憑著超乎常人的信心與毅力，對抗厄運，在往後的創業路上，逆流而上，終於成就偉業。

一九九一年農曆年初二，在中東炮火彌漫之際，香港維多利亞港舉辦了世界第二大規模的煙花表演。而這個「震雄集團」是第一個工業機構，來贊助巨大煙花表演，它打破了歷年來類似的表演被商業機構壟斷的傳統。

「震雄」的創辦人，就是當年那位落魄者、向相士「下馬問前程」的中年人蔣震。而蔣震重新振興的秘訣，就是信心加毅力。

一九五八年，蔣震憑著一點積蓄，與友人譚雄成立了一個小型的修理機械零件工廠，而「震雄」就是取兩人的名字而成名。

可惜，由於他們資本有限，生產技術落後，生產的機器很快便遭到市場淘汰。合夥人譚雄見生意不好，心灰意冷，提出退股。從此，蔣震便單槍匹馬，獨資經營。

蔣震意志堅決，不爲所挫，仍然埋頭研究吹瓶機的製作與改善。每天花上近二十小時在工廠，很多時候連家也不回。

一九六五年，「震雄」推出了先進的螺絲直射注塑機，獲得中華廠商會第二十四屆工業展覽會「最新產品榮譽獎」。之後，「震雄」不斷革新、不斷改良，業務由香港發展到世界各地；一九七一年，它成功研製香港首部全油壓增壓式四盎士螺絲直射塑膠機，備受用戶讚揚，奠定了「震雄」的工業地位。

但是好景不長。一九七三年，中東爆發了對全球經濟災難性的石油危機。香港的塑膠業首當其中，單在一九七三年八月至十月期間，就有七十七家塑膠廠支持不下去而倒閉。「震雄」欠下銀行二百多萬，被銀行逼迫著要還款，蔣震與銀行交涉，獲准將存貨與機器出售，按月攤還欠款。

這個時期的蔣震，每日工作二十小時，竭盡全力去克服這個危機。結果，經過三個月之後，他償還了一百多萬的債務。銀行見「震雄」信譽良好，便沒有進一步追討欠款，「震雄」便因此得以休整，在經濟復甦之後，有如它贊助表演的煙火秀一般，一飛沖天，光芒璀璨。

現在，震雄集團的機械遠銷全球四十多個國家。它的營業額每年高達一億元，僱用的員工有一千四百多名。

永不灰心的石油大王洛克菲勒

現在，我們都知道洛克菲勒是美國石油大王，但他出身貧寒，父親是一個農夫，走投無路之時，曾經賣藥爲生。

洛克菲勒少年時曾打過零工，每天賺三角七分錢。他把賺來的錢儲起來，有五十美元；然後，他以年息七厘借給雇主，結果，發覺一年所得的利息等於他做十天的苦工。

「從那時開始，我就決定了日後的營運策略。」洛氏回憶說。「我決心要使錢成爲我的奴隸，而不再做錢的奴隸。」

一八五九年，美國的賓夕法尼亞州發現石油。洛克菲勒知道這是一個大好機會，努力研究，發明了提煉石油的方法。於是，他說服了一個有錢的人與他投資合夥，開創事業。

過了四年，公司的事業依然沒有起色，他們始終在艱苦的環境裏奮鬥，而洛克菲勒不斷地說：「只要我們能埋頭苦幹，一定有成功的一天。」

不退縮、不灰心、永遠向前走，這就是洛克菲勒特有的性格。到了第五年，洛

克菲勒的石油公司，終於獲得可觀的利潤。

不怕失敗、不畏艱難，使洛克菲勒的財富越滾越多。一八七〇年，洛氏以一百萬美元創辦了當時差不多是全美最大的煉油廠——標準石油公司。洛氏開辦「標準」之初，他在紐約有十五家對手，在費城有十三家，在匹茲堡有二十二家，在其他各地有二十七家。到了一八八〇年，「標準」的煉油量爲美國的95%——洛氏成爲實至名歸的石油大王。

具有堅忍不拔的毅力，這是事業成功的主要條件，也是創富的前提。古人教導我們：「天將降大任於斯人也，必先苦其心志，勞其筋骨，餓其體膚，空乏其身，行拂亂其所爲，所以動心忍性，增益其所不能。」對此我們雖然明白，但做不到，許多人遇到挫折，就悲觀失望、一蹶不振，結果自然是一事不成。缺乏毅力，是許多人的一個缺點。不解決這個問題，一味地想成功、想創富是不切實際的。

該出手時就出手的李嘉誠

李嘉誠是聞名海內外的華商首富。特別是他在地產業的卓越成就，更是讓大眾讚歎不已。有人說：「李嘉誠橫掃香港的產業。」那麼，讓我們看一下李嘉誠馳騁於香港地產業的經歷。

一九五〇年代後期，香港經濟步入繁榮時期，但人多地少的矛盾也日益突出。李嘉誠果斷地覺察到，投身房地產業的時機已到了！於是，從一九五八年開始，他就步步爲營，有計劃、有選擇地購買房地產、地皮。首先，他在香港北角購買了一塊土地，建築了一座大廈，從此拉開了房地產生意的序幕。接著，他又在柴灣購買地皮建樓，兩座大廈總面積共計十二萬平方英尺。不久即順利出手，大獲利潤。

一九五〇年代末，他的智囊團提供的各類資訊表示：香港將步入後工業化時代。「港英政府」將實行高地價政策。李嘉誠看準情勢，當機立斷，買下了新界屯門鄉的一塊地皮建造工廠。一九六〇年代初，李嘉誠的發家產業屬下長江公司的塑膠花生產走向低谷。面對這種形勢，李嘉誠下決心轉變經營類型，大規模進軍房地產業，短短幾天內，便買下了上百萬平方米的地皮和舊樓。不久，香港地價房價暴漲，李嘉誠由原來的千萬富翁，一躍跨入了億萬富翁的行列，成爲香港地產業的巨人。

李嘉誠超人的膽識和魅力，尤其呈現在一九六〇年代中後期。當時，香港政局不穩，投資驟減，房地產價猛跌。於是一些商人紛紛拋售地產，以防萬一。此時的李嘉誠卻與他們截然相反，他把幾乎全部資產轉入地產業，而且光買不賣。在別人眼中，他簡直是愚蠢透頂。而李嘉誠獨具慧眼：「我看準了不會虧本才敢飛翔，男子漢大丈夫還怕風險？怕就乾脆別做。」可以說，這麼放手一博，李嘉誠的地產事業進入了第二個高峰時期。

當時一些目光短淺的商人，日夜擔心大陸會不會以武力收回香港，於是紛紛賤價拋售自己多年苦心經營的工廠、商號、酒樓、住宅等，企圖攜款逃難。李嘉誠卻始終持長遠眼光，認爲大陸的動亂只是暫時的現象，中國也絕不會對港英當局動武。李嘉誠公開宣稱：「你們大拍賣，我來大收買！以後，你們有追悔莫及的那一天！」於是，他以超低價一座接一座地買進大樓，同時還趁建築材料疲軟之時大興土木，建起了一座座高樓大廈。

到了一九七〇年代初期，香港地價再度回升，房價上漲。而此時的李嘉誠已經

建起了許多漂亮的大樓和廠房，不久即全部出售，利潤成倍增長。

作爲一個有遠見卓識的企業家，李嘉誠並沒有就此裹足不前，而是繼續奮鬥，再創佳績。當時，香港股市風險很大，李嘉誠又冒著極大的風險，先後發行了近二千萬股股票，籌集了二億多資金，組建了「都市地產」公司，與「新鴻基」、「亨隆」等集團公司實行聯營，買入港島灣仔旁美英煙廠舊址，興建大廈後，迅速脫手又獲利超過億萬元。

到一九七二年，他已擁有三十五萬平方英尺的建築，每年租金收入高達三百九十萬港元；他還買下了七塊地皮，興建大樓。他以八千五百萬港元，買進占地八十六・四萬平方英尺的北角半山風景區，「賽西湖」地面，興建了十座高達二十四層的高級住宅，並將其餘空地建成娛樂、休閒的度假村。他與新鴻基、亨隆、周大福等集團聯合，買下灣仔海灘的高士打道、英美煙草公司地皮，興建了伊莉莎白大廈和洛克大廈。李嘉誠發行的股票已超過一億股，共集資三億美元，先後興建了幾十幢大廈、廠房出售，公司再創淨利潤達五億多元。到一九八〇年代末期，地價上漲一、二十倍之多！而此時的李嘉誠已擁有房屋五百萬平方英尺，與香港政府、英資的置地公司，形成三足鼎立的局面。

富蘭克林的名言

富蘭克林有一套特別的時間算賬方法，可以給我們以深深啓示：「假如一個人每天能賺十個先令。但他玩了半天，或躺在沙發上消磨了半天，他以爲自己只花掉了六個便士而已。

「其實不對，他還失掉了他本身應該賺得的五個先令。錢能生錢，而且它的子孫還會有更多的子孫……。如果誰毀掉了五先令的錢，那就是毀掉了它所能產生的一切，也就是說，毀掉了一座英鎊之山。」

富蘭克林的這段名言，通俗而又直接地闡釋了這樣一個道理：如果想成功，必須把握時間的價值。

美國麻省理工學院對三千名經理作了調查研究，發現凡是有成就的經理，都能做到精於安排時間。《有效的管理者》一書的作者杜拉克說：「認識你的時間，是每個人只要肯做就能做到的，這是一個人走向成功的有效的自由之路。」

連鎖商店大王貝尼

美國連鎖商店業大王貝尼，是在身無分文的牧師家長大的孩子。他把基督教思想帶入商店經營裏去，以信用、誠意和不給別人添麻煩爲原則，在美國經營了一六四三間連鎖店。

第一，從小做起。

一八七六年，貝尼出生於美國密蘇里州，父親是個牧師，他排行第七。父親沒有靠傳教的津貼生活，他平時是農夫，一家的生活費用，憑耕作來維持。

貝尼八歲那年，就開始獨立。父親對他說：「想要得到的東西，不能依賴人家贈予，一定要自己親手去爭取。」

他聽了父親的話，開始在鎮上替人家做跑腿的傳遞雜工，賺取非常微薄的收入，然後他買了一隻小豬回來飼養。

他向父母親說明養小豬的目的：「小豬是母的，它長大了，生的小豬可以賣錢。」

每天，他替人家清掃廚房垃圾，同時小心的把殘湯剩菜帶回來，給他的小豬當飼料。可是，豬糞使鄰人不高興，他的養豬計畫很快便宣告失敗。

父親對他說：「要賺錢可以，不過，千萬不能干擾別人。」

十四歲的時候，貝尼利用父親的地栽種西瓜。初次學做農夫，沒想到十分成功，結出了許多大西瓜。那一年，西瓜到處豐收，收成雖然好，卻賣不出去。

這時候，城裏舉辦了一個博覽會。貝尼說：「把西瓜運到博覽會擺攤叫賣，一定會有生意。」

在博覽會場入口處不遠的地方，貝尼的西瓜攤生意好極了，可是，過了幾天，博覽會當局派人干涉貝尼的西瓜攤，禁止他再擺賣下去。

他對父親說：「我沒有給別人添麻煩，爲什麼不能照自己的意思做生意？」

「你已經給博覽會添了不少麻煩。」父親跟他解釋，「博覽會花了很多金錢和人力才辦起來，會場內有特定的西瓜攤位，他們要把部分利潤交給博覽會當局做維持費，你沒出錢支持博覽會，卻在場外做生意，不是已經折損到別人應得的利益了嗎？」

過後，他得到一個結論：要成爲一個好的商人，必須遵守一個原則，就是不可

給別人添麻煩，不剝奪別人的利益，這樣才能賺到使人愉快的財富。

十九歲，貝尼在雜貨店裏做小工。他白天黑夜地苦幹，最後病倒了。到身體康復之後，他回到雜貨店去，照樣認眞工作。雜貨店老闆加拉漢和鍾斯很欣賞貝尼，答應另外出錢幫助他開設自己的商店。

格拉瑪是個以開礦爲主的小鎭，只有三千五百人。貝尼決定在這個小鎭開店，而且打破賒賬的傳統慣例，用現款交易，不過，以低廉價格優待顧客。

鎭上只有一家小銀行，負責出納的費富對貝尼說：「這裏全是礦工。他們每個月領薪水一次，都用賒賬方式，先拿礦場發給的購物單買生活用品，到發薪水時在工資上扣除。你要現款購買，我看不會成功。」

貝尼還是照做。

他首先寄了五百封信給鎭上大部分的家庭主婦，聲明他的商店是用現款做買賣的，所以能夠以最便宜的價格出售。

小鎭上的家庭主婦都收到過貝尼的來信，於是對貝尼的現款買賣很感興趣。開張當日，主婦們發現貝尼果然實現了他在信上所做的諾言：現錢交易，物美價廉。

第一天就做了四六六·五元的生意。這在當時是一筆數目可觀的金錢。隨後一

兩天的生意愈來愈好，銀行出納費富只好對貝尼說：「我低估了你的本事，請不要介意才好。」

鎮上其他做賒賬生意的商店，其實背後都是由礦場老闆控制，從中牟取暴利。貝尼的物美價廉生意手段，逼得賒賬的商店生意趨於清淡，後來，礦場把貝尼給逼走了。但是，貝尼在小鎮的範圍外再開店鋪，生意一樣好。

貝尼覺得他的價廉物美方法，對社會有好處，堅持做下去。很快地，便從一間開到兩間、三間、四間分店，最後在全美國開了一千六百多間貝尼連鎖商店。

貝尼是個講原則的商人，他每一間商店的招牌上都寫著「原則商店」一行大字。

第二，致富五原則。

貝尼的成功，可以說是來自他的平等觀念。

他平等看待每一位顧客，他時常對職員說，顧客是一切，沒有顧客，什麼生意也別想做起來。要爭取顧客，除了給顧客最大的利益與好感之外，沒有別的更好的方法。他說：「我一直以一個消費者的立場，來看自己的連鎖商店。」

貝尼也把職員看成與自己地位平等的對象。他沒有把職員當僱用的人看待，他對每一位職員稱合夥人。「好的職員，等於是公司裏最有實力的貴重資源。」這是貝尼的另一個平等觀念。

他不僅善待職員，同時給每一個肯上進的人，有受更好訓練的機會，然後將這些有幹勁的人提升爲主管，讓他們擁有自己的商店，最後把他納入董事會，成爲企業的最高層領導人。

他重視人的因素，認爲金錢、土地及店鋪，如果跟人相比，不過是次要的東西。

「有同樣理想的人，爲一個共同的目標努力，讓他享受成功的愉快，是事業成功的最大因素。」在挑選人才的時候，貝尼變得十分苛刻。但是，凡是肯上進的人，貝尼都會加以提拔，使他成爲更有機會發揮機會的人才。

一九一四年，貝尼訂立了他的經商五大原則，後人稱爲貝尼的五大致富條件。

這五大原則是：

一、爲了滿足顧客的要求，服務要最好；

二、東西要好，價格必須合理；

三、不斷作檢討，以免經營上犯錯；

四、可以追求合理利潤，絕不做暴利生意；

五、要時常反省，看自己是否做錯什麼。

後來，全美國開了一千六百多間貝尼的原則商店，很多職員都成爲貝尼連鎖商店的老闆之一，生意大，利潤好。可是，卻沒有任何一個貝尼集團的人犯過牟取暴利的毛病。

貝尼的成功，完全是由於他堅守商業道德，貫徹他所謂的五大原則，滿足了消費者和職員的要求。他更把合作辦事的人視爲企業上的最大財富。每個人尊敬他，心甘情願地追隨他做事，一六四三間連鎖商店便從一個理想裡發展出來。

酒店巨擘希爾頓

一九七九年，以九十二歲高齡病逝美國的希爾頓，是以「飯店大王」而聞名的世界旅館業巨擘，他從五千美元起家，步步爲營，不斷進取，從沒有滿足、止步之時，使他的事業充滿生機，興旺發達，直至舉世無與匹敵的地步。

一九一九年，當他在德克薩斯州企圖經營銀行沒有成功時，一個偶然的機會，他打聽到當地的馬比萊旅館老闆欲以四萬美元出售生意興隆的旅店，希爾頓內心狂喜，準備買下。

他找到了一位在經營銀行和生意上有經驗的人屈呂安合夥，並共同在截止時間的最後幾分鐘籌足了現款，買下了這家旅館。這只是一家還很不起眼的旅店，沒有誰會想到它就是旅館帝國——希爾頓的前身。

在馬比萊，希爾頓和屈呂安得到一個理想的試驗場，得以探索辦旅館的原則。對於辦旅館來說，要充分利用各種對自己有用的資訊，但很少有人注意到這些東西，一旦它的潛力被發揮出來，它所「釋放」的能量將是驚人的。

在經營馬比萊很短時間裏，希爾頓發現他們浪費了太多的空間，它還有更大的

潛力。一天晚上，希爾頓推醒屈呂安，將他推到客廳，指著櫃檯嚷：「它太長了，完全可以截掉一半。」「還有餐廳，那兒也可以睡覺。」屈呂安一時還沒有明白他的意思，睡眼惺忪地應付了幾句，希爾頓繼續察看大廳。

第二天，希爾頓讓人將餐廳隔成僅能容納一張床、一張桌子的小房，白天可供進餐用，夜晚就是客房。又將大櫃檯截掉一半，剩餘的空間作爲一個賣香煙、報紙的攤位，還在大廳的一角辦了一個小小雜貨鋪。如此改觀，立即給旅館帶來一筆可觀的額外收益。節省浪費的空間，成爲希爾頓辦旅館賺取更多利潤的法門，也是希爾頓終生遵守的準則。

希爾頓從德州出發，看到它對旅館的需求狀況，這是開辦更多「馬比萊」的機會，是「希爾頓帝國」之初的重要機遇。他立即找到屈呂安，「你知道吧？現在這兒需要更多的旅館，我們要在別人之前先下手。」

「我明白你的意思，可是我們還拿不出開辦另一個『馬比萊』的資金，除非我們能找到更多的合夥人。」屈呂安頗爲認同但又不無憂慮地說：「也許我們可以想一些辦法，我們分頭聯絡吧。」

希爾頓迅速想到了他在軍隊的戰友——營長鮑爾斯，於是他專程直往芝加

哥，拜訪這位久別的朋友。鮑爾斯很快接受了他的建議，他們於是在德克薩斯的華斯堡，以二萬五千美元買下梅爾巴旅館。他從軍前結識的年輕銀行家伊拉也幫了他大忙。不久，梅爾巴成爲希爾頓渴望的第二個「馬比萊」。

潛在的市場機遇，仍是一條永遠吃不飽的餓狼。希爾頓急切要買下第三家旅館。他與屈呂安等合夥人一邊尋找更多的合夥人，籌積資金，一邊以原有旅館做擔保，從銀行貸款。很快又備下足夠的資金，他順利地買下第三家旅館，更名爲「華爾道夫」。心機沒有白費，它同樣很快就帶來了預期的收益，這個設在得州達拉斯市中心的六層樓的旅館，有一百五十間房，擁有獨立浴室。這是一次高風險的投資，希爾頓得到他母親和伊拉的再次援助，同時贏得了德克薩斯州立銀行的年輕銀行家桑頓提供的五萬五千元的鉅款。後來，希爾頓在軍隊中最親密的戰友歐文，也從舊金山趕來入夥，給了希爾頓巨大的幫助和鼓勵。

希爾頓在開辦、經營旅館時，從來不浪費任何有利的機會、關係，這些是以後希爾頓成爲「希爾頓帝國的皇帝」的重要條件。希爾頓不但時刻告誡自己，不多浪費任何有利或可能有用的東西，還時時告誡他的合夥人、店員，要求他們也這樣做。

正是在這種哲學觀念的支配下，在德克薩斯州他們迅速擁有了八家小旅館。

天空不總是晴朗的。美國經濟危機突然在希爾頓迅速開拓旅館業時爆發。許多旅館破產倒閉，希爾頓的旅館也沒有倖免於難，紛紛陷入資金緊張的困境，希爾頓及他的合夥人、店員們絞盡腦汁，尋找各種機會，哪怕只是一線希望，終於保存下五家旅館，勉強度過它艱難的創業時期。

「生命可以走過冬季」。《全國復興法案》公佈了，希爾頓及其合夥人再次向前跨出一步。一九三五年，剛恢復元氣的希爾頓，抓住時機買下艾爾帕索的「北山旅館」，接著又買下「葛萊格旅館」並將它更名爲「朗佛希爾頓」。希爾頓從破產的邊緣活過來，準備向得州境外開拓。

二戰爆發後，遠離戰場的美國在戰爭中大發橫財，國民收入持續增長，希爾頓敏感地察覺到：社會消費水平的提高，必將使人們在解決溫飽問題之後，將更多的錢花在新的消費項目上。他們會走出家門去感受外面的世界，旅遊業就有一次前所未有的飛躍。這爲旅館業提供了更廣闊的市場。希爾頓抓住了這個機會。正像他說的那樣，「我們要珍惜空間，這是旅館業的一大原則。我們不僅不能浪費旅館內的小空間，更不能浪費社會提供給我們的大空間。」合夥人都爲希爾頓的洞察力所折

服。

希爾頓同他的合夥人珍惜了任何有價值的東西，「希爾頓帝國」迅速地成長壯大，希爾頓人甚至說，希爾頓的太陽永不西沉。希爾頓、貝尼、八百件老闆和田一夫及其他許多偉大的店鋪先驅，這些成功人物，他們大多是在零的起點，憑信心、誠實、善意和永不認輸的堅毅精神，把夢想實現，從零創下億萬財富。

今天，每個人都具備成爲富豪的條件，你沒有成功，是因爲你沒有誠意和信心，更可能是因爲你沒有持續努力，或者你根本未曾嘗試。

那麼，請開店吧，開一家賺錢的店鋪，是通向富裕的階梯，也是本書所要闡述的宗旨。眞實的世界是個富裕的世界。如果你心裏有個美麗的夢想，就要去認眞地探尋和實現，終有一天，你會看到夢想變成理想，而理想最後一一成爲事實。

一間賺錢的店鋪，是你實現理想的源頭，是你跨向億萬的堅定一步，即使實現不了億萬，你同樣會爲你所付出的辛勞汗水和所得到的回報而感到自豪，引導你繼續前進。

這就是信心和夢想的力量。

國家圖書館出版品預行編目資料

積極致富：輕鬆做個有錢人／凡禹著. -- 初版. --
新北市：華夏出版有限公司, 2023.12
面；　公分. --（Sunny 文庫；309）
ISBN 978-626-7296-26-4（平裝）
1.CST：理財

563　112004516

Sunny 文庫 309
積極致富：輕鬆做個有錢人

著　　作　凡禹
出　　版　華夏出版有限公司
220 新北市板橋區縣民大道 3 段 93 巷 30 弄 25 號 1 樓
電話：02-32343788　傳真：02-22234544
E-mail：pftwsdom@ms7.hinet.net
印　　刷　百通科技股份有限公司
電話：02-86926066　傳真：02-86926016
總 經 銷　貿騰發賣股份有限公司
新北市 235 中和區立德街 136 號 6 樓
電話：02-82275988　傳真：02-82275989
網址：www.namode.com
版　　次　2023 年 12 初版一刷
特　　價　新台幣 300 元（缺頁或破損的書，請寄回更換）

ISBN-13：978-626-7296-26-4